中国三峡集团：初心引领型社会责任管理

《中国三峡集团：初心引领型社会责任管理》编写组　编著

企业管理出版社

图书在版编目（CIP）数据

中国三峡集团：初心引领型社会责任管理／《中国三峡集团：初心引领型社会责任管理》编写组编著． ——北京：企业管理出版社，2021.6
ISBN 978－7－5164－2416－2

Ⅰ．①中… Ⅱ．①中… Ⅲ．①三峡水利工程－工业企业－企业责任－社会责任－研究 Ⅳ．①F426.9

中国版本图书馆 CIP 数据核字（2021）第 115015 号

书　　名：	中国三峡集团：初心引领型社会责任管理
作　　者：	《中国三峡集团：初心引领型社会责任管理》编写组
责任编辑：	郑　亮　宋可力
书　　号：	ISBN 978－7－5164－2416－2
出版发行：	企业管理出版社
地　　址：	北京市海淀区紫竹院南路17号　　邮编：100048
网　　址：	http：//www.emph.cn
电　　话：	编辑部（010）68701638　发行部（010）68701816
电子信箱：	emph001@163.com
印　　刷：	河北宝昌佳彩印刷有限公司
经　　销：	新华书店
规　　格：	710毫米×1000毫米　　16开本　　9.5印张　　123千字
版　　次：	2021年6月第1版　　2021年6月第1次印刷
定　　价：	58.00元

版权所有 翻印必究·印装有误 负责调换

总　序（一）

感谢读者朋友们对中央企业社会责任管理工作，对中央企业社会责任管理之道丛书的关注与支持！

企业在自身发展的同时，应该当好"企业公民"，饮水思源，回报社会，这是企业不可推卸的社会责任，也是构建和谐社会的重要内容。大量事实证明，只有富有爱心的财富才是真正有意义的财富，只有积极承担社会责任的企业才是最有竞争力和生命力的企业。重经济效益、轻社会效益的企业，只顾赚取利润、不顾安全生产的企业，终究难以持续。这一重要论述充分阐明了履行社会责任对企业可持续发展的重要意义。

国有企业是中国特色社会主义的重要物质基础，是党执政兴国的重要支柱和依靠力量。中央企业大多处在关系国家安全和国民经济命脉的重要行业和关键领域，在我国经济社会发展中发挥着不可替代的重要作用，履行社会责任可谓中央企业的"天职"。经过多年改革发展，中央企业的规模不断扩大、活力不断增强、创造力不断提升，在履行社会责任方面更应走在前列、作出表率。

多年来，一大批中央企业大力开展社会责任工作，不仅做到了实践上有亮点、理论上有创新，同时，还实现了形象上有升级、管理上有提升，形成了丰富多彩、成效显著的企业社会责任管理推进路径和做法，具备总结形成管理模式的条件。中央企业通过践行社会责任，走上与社会共同可持续发展之路，为我国全面建成小康社会和联合国 2030 可持续发展目标做出积极贡献，并也通过对企业社会责任管理的不断探索，在丰富全球企业管理理论方面做出了自己的独特贡献。

我们出版这套中央企业社会责任管理之道丛书，希望通过适时总结、分享中央企业的社会责任管理推进模式，起到以下几个方面的作用：一是通过系统总结分析，进一步推动中央企业提升社会责任管理工作；二是支持中央企业成为全球履行社会责任的典范，服务于建设"具有全球竞争力的世界一流企业"；三是为中央企业参与全球市场竞争奠定基础，成为高质量共建"一带一路"的表率；四是为其他企业开展社会责任管理工作提供有益借鉴，为全球可持续发展贡献来自中国企业的最佳实践经验。

2020年，丛书选取国家电网、中国建筑、华润集团等中央企业为代表，总结了这些企业各具特色的社会责任推进模式，包括《国家电网：双向驱动、示范引领型社会责任管理》《中国建筑：品牌引领型社会责任管理》《华润集团：使命驱动型社会责任管理》等。

2021年，丛书选取中国核电、国家能源集团、中国三峡集团为代表，出版了《中国核电：公众沟通驱动型社会责任管理》《国家能源集团：可持续驱动型社会责任管理》《中国三峡集团：初心引领型社会责任管理》。

未来，我们将持续总结中央企业的社会责任管理之道，与社会各界进行分享交流。希望大家一如既往地支持中央企业，共同推动中央企业社会责任管理迈上新台阶！

中央企业社会责任管理之道丛书编委会
2021 年 6 月

总　序（二）

企业社会责任已成为新一轮经济全球化的重要特征。自20世纪初以来，全球企业社会责任的发展经历了20世纪70年代之前企业社会责任概念产生阶段，20世纪70年代后至20世纪末的企业社会责任欧美共识阶段，自2000年以来，企业社会责任进入全球共识阶段。

自2000年以来，企业社会责任在中国发展迅速。中国企业社会责任的发展由概念辩论走向基本共识，进而发展到企业社会责任管理阶段，与全球企业社会责任管理实现了快速同步。

2000—2005年是现代企业社会责任概念的辩论阶段，社会各界对企业履行社会责任问题还处在争议的时期。2006—2011年是中国企业社会责任基本共识阶段。在这个阶段，中国全过程参与社会责任国际标准ISO 26000的制定，并最终对ISO 26000投了赞成票。这个赞成票是在参与制定ISO 26000的六个利益相关方群体意见基础上最终决定的，也是中国企业社会责任发展的利益相关方第一次全面达成共识。2012年以来，中国企业社会责任管理实践蓬勃发展。

2006年和2012年是中国企业社会责任发展的两个重要里程碑。2006年可称为中国企业社会责任元年，其重要标志是新修订的《公司法》明确

中国三峡集团：初心引领型社会责任管理

提出公司要承担社会责任。国家电网公司率先发布了中央企业首份社会责任报告，得到了中央领导和社会各界的积极肯定。2012年可称为中国企业社会责任管理元年，其重要标志是国务院国有资产监督管理委员会（以下简称国务院国资委）将社会责任管理列为中央企业管理水平提升的13项重点措施之一，企业社会责任管理成为提升央企管理水平的重要内容。自此，中国企业社会责任进入社会责任管理发展的新阶段，众多中央企业开始了丰富多彩的企业社会责任管理探索和实践，打开了各类企业从履行社会责任到系统开展社会责任管理的新篇章。

企业社会责任管理

一般来说，企业社会责任管理是指企业有目标、有计划、有执行、有评估、有改进地系统性开展社会责任实践的活动。具体地说，是企业有效管理其决策和活动所带来的经济、环境和社会影响，提升责任竞争力，最大化地为利益相关方创造经济、环境和社会综合价值作贡献，推动社会可持续发展的过程。企业社会责任管理包括社会责任理念管理、生产运营过程的社会责任管理及职能部门的社会责任管理。企业社会责任作为一种发展中的新型管理思想和方法，正在重塑未来的企业管理，具体体现在企业管理理念、管理目标、管理对象和管理方法等方面。

重塑企业管理理念。企业将由原来的股东（投资人）所有的公司转向由股东和其他企业利益相关方共同所有的公司；企业将由原来的追求盈利最大化或者股东利益/企业价值最大化转向追求兼顾包括利益相关方在内的利益和诉求的平衡，追求经济、环境和社会综合价值的最大化和最优化，实现企业可持续经营与社会可持续发展的共赢。

重塑企业管理目标。企业责任竞争力将会成为企业未来的核心竞争力。企业责任竞争力就是企业在运用自身专业优势解决社会和环境可持续发展所面临的挑战和问题的同时，还能取得良好的经济效益，其根本目标是服务企业、社会和环境的共同可持续发展，其本质是企业的决策和活动做到公平与效率的有机统一。

重塑企业管理对象。企业的管理对象由原来的集中于企业价值链对象的管理扩展到更广泛的利益相关方关系管理。特别重要的是将企业社会责任理念融入其中，从而形成企业各利益相关方的和谐发展关系，取得各利益相关方更大范围的认知、更深程度的认同和更有力度的支持。

重塑企业管理方法。在企业治理理念上，要创造更多的形式，让更多的利益相关方参与公司的重大决策，包括企业管理目标的制订。在生产运营各环节上，更加重视发挥更多利益相关方的作用，使他们能以各种方式参与到企业生产运营的各个环节中来，包括企业的研发、供应、生产、销售及售后服务等，使每个环节都最大限度地减少对社会、经济和环境的负面影响，最大限度地发挥正面效应。特别是通过不断加强与利益相关方的沟通及对其关系的管理，企业能够更加敏锐地发现市场需求，能够更加有效地开拓全新的市场空间。

中央企业社会责任管理推进成就

中央企业是我国国民经济的重要支柱，是国有经济发挥主导作用的骨干力量，履行社会责任是中央企业与生俱来的使命，全社会对中央企业履行社会责任有着更高的要求与期待。

国务院国资委高度重视中央企业社会责任工作，从政策指导、管理

中国三峡集团：初心引领型社会责任管理

提升、加强沟通等方面全面推动中央企业履行社会责任。在国务院国资委的指导下，一批率先开展企业社会责任管理的中央企业不仅做到了在理论上有创新，在实践上有亮点，同时还实现了管理上有升级、竞争力上有提升，推动企业社会责任管理发展进入新的境界。观察和研究发现，一批中国的一流企业通过探索社会责任管理推进企业可持续发展的新路径，形成了丰富多彩、成效显著的企业社会责任管理推进模式。

位列《财富》世界500强第三位的国家电网公司，经过十余年的持续探索，走出了一条上下驱动、示范引领的全面社会责任管理推进之道，全面社会责任管理的综合价值创造效应正在公司各个层面逐步显现。全球最大的投资建设企业——中国建筑走出了一条品牌文化驱动型的社会责任管理推进之道，从开展社会责任品牌及理念管理出发，以社会责任理念重新定义企业使命，细化社会责任管理指标，通过将职能部门管理落实到企业生产运营过程中，形成了社会责任管理的完整循环。作为与大众生活息息相关的多元化企业，华润集团走出了一条以使命为引领的履责之路，将使命作为社会责任工作的试金石，塑造责任文化，开展责任管理，推动责任践行，实现承担历史使命、履行社会责任和推动企业可持续发展的有机统一。中国核电以响应时代变革与利益相关方多元化诉求为驱动，形成了公众沟通驱动型社会责任管理。通过公众沟通找准公司社会责任管理的出发点和着力点，在推进社会责任管理提升的同时，对内培育富有激励、富有特色、积极向上的企业文化，对外提升中国核电的品牌影响力、感召力和美誉度，形成了"责任、品牌、文化"三位一体推进社会责任管理之道。国家能源集团在原国电集团以"责任文化推动"、大规模发展新能源为主题和原神华集团"战略化组织化推动"、以化石能源清洁化和规模化发展为主题的履责特征的基础上，探索形成了可持续的社会责任管理推进模式。其具体方式是以可持续方式保障可持续能源供应为目标，以"高层表率、再组织化、责任文化"推动为特征，以"化石能源清洁化，清洁能源规模化"为核心履责主题。中国三峡集团秉承建设三峡工程，护佑长江安澜的初衷，在实践发展中凝聚成"为国担当、为民造福"的责任初心，并以此为引领形成了初心引领型社会责任管理推进模式。其具体内涵是以责任初心为根本遵循，形成了由"战略定力""多方参与""机制保障""透明沟通"构建的四位一体推进路径，致力于创造利益相关方综合价值最大化。此外，还有中国移动社会责任主题驱动型社会责任管理推进之道，中国南方电网公司的战略驱动型社会责任管理推进之道，中国五矿集团最大化有利影响、最小化不利影响综合价值创造驱动型社会责任管理推进之道，中国广核集团透明运营驱动型的社会责任管理推进之道，中国铝业公司全面应用社会责任国际标准 ISO 26000 的标准驱动型社会责任管理推进之道。我们欣喜地看到这些中国一流企业正在通过社会责任管理创新企业管理的历史，中国企业社会责任管理正在中央企业的带动下，登上世界企业管理的历史舞台。

中国企业管理发展的历史机遇

企业社会责任是经济社会发展到一定历史阶段的产物，是社会可持续发展对企业提出的更多、更高和更新的要求，也是社会对企业提出的新期待。社会责任管理正是全球先锋企业在这一领域的新探索和新进展。

社会责任管理对全球企业来讲都是一个新课题。如果说改革开放以

中国三峡集团：初心引领型社会责任管理

来，中国企业一直处于向西方企业不断学习企业经营管理理念和经验的阶段，那么，社会责任的发展提供了中国企业在同一起跑线上发展新型经营管理之道的难得机遇。中国企业如能创新运用社会责任管理理念和方法，率先重塑企业管理，将有望在全球市场竞争中赢得责任竞争优势，在为全球企业管理贡献中国企业管理经验的同时，引领新一轮更加负责任的、更加可持续的经济全球化。

本套丛书将首先面向中国社会责任先锋企业群体——中央企业，系统总结中央企业将社会责任理念和方法系统导入企业生产运营全过程的典型经验。其次，持续跟踪研究中国各类企业的社会责任管理实践，适时推介企业社会责任管理在中国各类企业的新实践、新模式和新经验。最后，借助新媒体和更有效的传播方式，使这些具有典型意义的企业社会责任管理思想和经验总结走出企业、走向行业、走向上下游、走向海内外，成为全球企业管理和可持续发展的中国方案样本。

本套丛书着眼于面向国内外、企业内外传播社会责任管理方面的做法和实践，主要有以下几个目标：面向世界传播，为世界可持续发展贡献中国企业智慧；面向中国传播，为中国企业推进社会责任管理提供样本；面向企业传播，为样本企业升级社会责任管理总结经验。

党的十九大开启了新时代中国特色社会主义新征程。在中国共产党成立100周年之际，我们取得了脱贫攻坚的伟大胜利，实现了全面建成小康社会的第一个一百年的奋斗目标。到21世纪中叶中华人民共和国成立100年时基本实现现代化、建成富强民主文明的社会主义强国的第二个一百年的伟大目标呼唤中国企业新的历史使命和责任。中国企业以什么样的状态迎接新时代、开启新征程？坚定地推进企业社会责任管理，依然是一流中国企业彰显时代担当的最有力的回答。企业社会责任只有进行时,没有完成时,一流的中国企业要有担当时代责任的勇气、创新进取的决心,勇做时代的弄潮儿,不断在企业社会责任和可持续发展道路上取得新突破。这是世界可持续发展的趋势所向,也是中国企业走向世界、实现可持续发展的必由之路。

习近平总书记指出:"只有积极承担社会责任的企业才是最有竞争力和生命力的企业。"[①] 创新社会责任管理将是企业积极承担社会责任的有效路径,是实现责任竞争力和长久生命力的新法门,希望这套中央企业社会责任管理之道丛书能为企业发展贡献绵薄之力。

企业社会责任管理无论是在理论上还是在实践上,都是一个新生事物,本丛书的编写无论是理论水平还是实践把握,无疑都存在一定的局限性,不足之处在所难免,希望读者不吝提出改进意见。

丛书总编辑
2021 年 5 月 20 日

---

① 《在网络安全和信息化工作座谈会上的讲话》,2016 年 4 月 26 日。

序 言

历史总是在一些特殊年份给人们以汲取智慧、砥砺前行的力量。在中国共产党建党100周年之际，当我们站在三峡工程百年梦想的视角，回顾中国三峡集团20多年的奋斗历程，不禁心潮澎湃、感慨万千。三峡人在党中央的坚强领导下，从"为我中华、志建三峡"开始，始终坚守"为国担当、为民造福"的责任初心，筚路蓝缕、艰苦奋斗，脚踏实地、苦干实干，建设了一个又一个"大国重器"，推动中国水电实现从跟跑者、并跑者到领跑者的跨越，并将中国三峡集团打造成为全球最大的水电开发运营企业和我国最大的清洁能源集团，为全面建成小康社会和建设社会主义现代化国家做出了应有贡献。

初心不改：始终坚守"为国担当、为民造福"责任初心

"欲事立，须是心立"。习近平总书记强调：一切向前走，都不能忘记走过的路；走得再远、走到再光辉的未来，也不能忘记走过的过去，不能忘记为什么出发。[1]

---

[1]《在庆祝中国共产党成立95周年大会上的讲话》，2016年7月1日。

筑坝为民，治水兴邦。兴建三峡工程，治理长江水患，是中华民族的百年梦想。为了综合治理长江水患，护佑人民的生命安全，党和国家决定兴建三峡工程。一句"为我中华、志建三峡"的响亮号召，从灵魂深处就标定了三峡人"为国担当、为民造福"的责任初心和使命，极大激发广大三峡建设者实现中华民族百年梦想、为国家争气、为人民造福的精气神。如今，三峡工程已经成功建设运行，从根本上改变了长江中下游的防洪形势，开启了长江水患治理和水资源管理的崭新篇章，以大国重器之力护佑长江安澜、助力经济发展、创造美好生活。

20多年来，"为国担当、为民造福"已经成为中国三峡集团融入血脉的责任基因。不论走多远、事业做多大，中国三峡集团都始终牢记"为国担当、为民造福"的责任初心，始终将国家和民族的长远利益作为自己的最高追求，始终将服从服务国家战略作为自己最大的战略，主动为党分忧、为国尽责、为民造福，始终把对祖国的无限热爱转化为实现国家富强、民族振兴、人民幸福的实际行动，自觉在急、难、险、重任务中砥砺初心使命，不断增强人民群众的获得感、幸福感、安全感。

笃行致远：始终将责任初心贯穿三峡事业发展全过程

初心易得，始终难守。20多年来，中国三峡集团之所以能够永葆责任初心，持续发挥履行社会责任表率作用，正是源于始终把践行"为国担当、为民造福"的初心使命一以贯之地融入三峡事业发展全过程，融入三峡人的价值观中。

保持战略定力，牢记使命必达。中国三峡集团始终牢记中央企业的政治责任、经济责任、社会责任，积极参与长江经济带发展、京津冀协同发展、长三角一体化发展、能源革命、脱贫攻坚等一系列重大国家战略，发挥了中央企业应有的作用。从治水兴邦、水电报国到奉献清洁能源、共抓长江大保护，从坚定贯彻新发展理念到坚持推进可持续发展，中国三峡集团始终将"为国担当、为民造福"的责任初心贯穿于事业发展全过程。坚持多方合作，创造共赢价值。在抗疫、防洪、脱贫攻坚等关键时刻，三峡人始终听党指挥、冲锋在前，充分彰显了大国重器顶梁柱作用。在科技创新、生态保护、移民帮扶等领域充分发挥中央企业的资源优势、影响力，加强与利益相关方的合作，以合作拓展责任空间，共同践行初心，共创共享经济、社会、环境综合价值。构建长效机制，夯实责任管理。在国务院国资委的指导下，中国三峡集团将社会责任作为系统工程，整体推进，构建了横向协同、纵向贯通、上下联动、运转高效的社会责任组织体系，建立了社会责任政策和制度体系，搭建了公益慈善、移民管理、珍稀物种保护、共抓长江大保护等管理平台，形成了社会责任长效机制，形成恪守社会责任工作初心的重要抓手。坚持透明沟通，增进价值认同。中国三峡集团通过建设透明的沟通机制，及时回应、满足利益相关方的诉求和期望，确保社会责任行动始终是符合国家战略、服务于国家战略的，是符合利益相关方诉求的，是为广大百姓谋福利的，是符合绝大多数利益相关方诉求和期望的。

矢志不渝：责任初心引领三峡事业笃定前行

时光流逝，时代变迁，但三峡人为之奋斗的初心和事业始终没变。回顾责任之路，中国三峡集团始终坚持以"为国担当、为民造福"的责任初心为引领，并将其贯穿于事业发展的全过程，逐步形成了以"为

中国三峡集团：初心引领型社会责任管理

国担当、为民造福"为核心的社会责任理念、具有三峡特色的初心引领型社会责任管理模式。这种模式以保持战略定力、携手多方参与、搭建机制保障、坚持透明沟通"四位一体"为责任推进路径，始终致力于创造利益相关方综合价值最大化，至今仍一直引领着三峡事业以永不懈怠的精神状态、一往无前的奋斗姿态蓬勃发展、坚定向前。

习近平总书记指出："只有积极承担社会责任的企业才是最有竞争力和生命力的企业。"[①] 在未来创建世界一流企业的征程上，中国三峡集团将永葆"为国担当、为民造福"的责任初心，勇担时代责任，始终围绕国家赋予的"六大作用"战略发展定位，全力打造沿江最大清洁能源走廊、沿江最大绿色生态走廊、沿海最大海上风电走廊、"一带一路"国际清洁能源走廊"四大走廊"，奋力实施清洁能源与长江生态环保"两翼齐飞"，持续深化初心引领型社会责任管理，努力成为世界一流履行社会责任的典范，为促进全球可持续发展、共建美好地球家园、构建人类命运共同体贡献中国三峡集团的智慧和力量。

[①] 《在网络安全和信息化工作座谈会上的讲话》，2016年4月19日。

目 录

第一章　责任初心：为国担当，为民造福 …………………… 1
　第一节　何为初心 ……………………………………………… 3
　第二节　企业初心 ……………………………………………… 4
　第三节　三峡集团初心 ………………………………………… 7
　第四节　初心引领社会责任理念和实践 ……………………… 9

第二章　坚守初心：保持战略定力，服务国家战略 ………… 13
　第一节　建设三峡工程，造福沿江百姓 …………………… 15
　第二节　开发金沙水电，服务长江经济带 ………………… 17
　第三节　发展清洁能源，助力能源革命 …………………… 24
　第四节　共抓长江大保护，永葆母亲河生机 ……………… 29
　第五节　引领中国水电"走出去"，共建"一带一路" …… 32

第三章　共护初心：携手利益各方，共创综合价值 ………… 37
　第一节　平等互利，实现伙伴共赢 ………………………… 39

第二节　协同合作，共护生态环境…………………… 44
第三节　主动担当，贡献双碳目标…………………… 49
第四节　整合资源，倾力精准扶贫…………………… 51
第五节　帮扶移民，促进库区发展…………………… 60
第六节　扶危助困，投身公益慈善…………………… 66
第七节　共享价值，促进员工成长…………………… 68

第四章　永葆初心：夯实责任管理，构建长效机制 ………… 73
第一节　构建组织体系………………………………… 75
第二节　完善责任制度………………………………… 77
第三节　打造履责平台………………………………… 80

第五章　润泽初心：坚持透明沟通，增进价值认同 ………… 85
第一节　建立透明沟通机制…………………………… 87
第二节　保障利益相关方知情权……………………… 90
第三节　保障利益相关方监督权……………………… 92
第四节　保障利益相关方参与权……………………… 93

第六章　初心引领：社会责任管理之道 …………………… 97
第一节　初心引领型社会责任管理…………………… 99
第二节　始终把初心作为推进社会责任的根本动力………… 101
第三节　始终将初心贯穿于社会责任工作全过程…………… 102
第四节　始终致力于创造经济社会环境综合价值最大化 …… 105

第七章 初心展望：世界一流责任典范 ············ 107
第一节 践行五大责任工程 ············ 109
第二节 实施四大责任举措 ············ 114

附录 中国三峡集团社会责任大事记 ············ 117
参考文献 ············ 129

第一章

责任初心：
为国担当，为民造福

"欲事立，须是心立"。习近平总书记强调：一切向前走，都不能忘记走过的路；走得再远、走到再光辉的未来，也不能忘记走过的过去，不能忘记为什么出发。[①] 正所谓"不忘初心，方得始终"，只有坚守初心、担当使命，才能不负时代与人民，始终保持蓬勃朝气、昂扬锐气，以无私无畏的勇气战胜前进道路上的一切艰难险阻，不断取得更大的胜利。

第一节　何为初心

"初心"一词，按照现代汉语的解释，是指最初的心愿、信念，意指做某件事最初的原因。初心，又称"初发心"，来源于佛教《华严经》："初心为始，正觉为终。"初心是修行的开始，觉悟成佛是修行的结果，初心与正果是密不可分的，即所谓"心始心终"，由此演变为"不忘初心，方得始终"的说法。

在中国传统儒家文化里，初心即本心。《论语》有云："君子务本，本立而道生。"任何事物都像大树一般，有其根本与枝叶，君子的重要责任就是培养根本，如此，枝叶自然就会繁茂，花果自然就会结成。此外，古人也深刻认识到丧失初心的危害。孟子在《鱼我所欲也》中阐明，人如果经不住万钟恩施、宫室之美、妻妾之奉、所识穷乏者得我的诱惑，不辨礼义而受之，必然"是亦不可以已乎？此之谓失其本心"。《尚书》也告诫我们"一乃心力，其克有勋"，专心致志方能有所成就，心怀戒惧才能抵制诱惑。人生的修养过程就是使初心不断发扬光大，养

[①] 《在庆祝中国共产党成立 95 周年大会上的讲话》，2016 年 7 月 1 日。

浩然正气，成为坦荡的君子。

习近平总书记多次谈到和阐述"初心"，强调坚守初心的重要性。习近平总书记强调，中国共产党人的初心和使命，就是为中国人民谋幸福，为中华民族谋复兴。① 这是对中华传统文化语境下坚守本心、立志弥坚的继承，也对共产党人守初心、践初心提出了更高、更具体的要求，明显超越了古人的修为范畴。2021年，在党史学习教育动员大会上，习近平总书记再次强调："我们党的一百年，是矢志践行初心使命的一百年，是筚路蓝缕奠基立业的一百年，是创造辉煌开辟未来的一百年。"② 习近平总书记一系列重要讲话阐述了新时代不忘初心的重要意义，也为初心增添了更多更丰富的内涵。

第二节　企业初心

不论是一个人，还是一个政党、一个国家，始终践行初心便能坚定向前，偏离初心难免误入歧途。对一家企业来说，坚守并践行初心同样至关重要。企业初心的实质就是关于企业发展为了谁，企业发展依靠谁，企业如何负责任发展，以及如何衡量负责任发展成效等一系列问题。人类历史的长河见证了无数企业从辉煌到没落，也见证了无数企业实现接续传承。而一个成功的企业，无论其商业逻辑、管理方式、运营模式怎么变，往往都始终保有一颗不变的初心。

一、企业初心彰显企业的使命和愿景

任何一个组织机构都是为了一种责任、使命或职能而存在的；任何

---

① 《决胜全面建成小康社会 夺取新时代中国特色社会主义伟大胜利》，2017年10月18日。
② 《在党史学习教育动员大会上的讲话》，2021年2月20日。

企业得以生存，都是因为它满足了社会某一方面的需要，实现了某种特殊的社会目的。现代管理学之父彼得·德鲁克认为，企业的本质是为社会解决问题。这就决定了一家企业在诞生之初，就应该以解决社会问题、为社会创造价值为己任。应该说从过去到现在，企业都是因为能为社会提供有用的产品和服务才得以成立的。[1] 初心就是一面旗帜，旗帜指明方向，旗帜凝聚力量。方向明确，才能脚踏实地地干事，不为各种浮躁的风气影响，不为追名逐利而失去根本，不会在纷繁复杂的世界里不知所措、随波逐流。

企业初心彰显企业的使命和愿景，彰显了企业在经济社会发展中的角色定位，表明了企业存在的目的和价值，是对"我们从哪里来""我们到哪里去"这一企业哲学问题的回答。这就意味着尽管企业是营利性经济组织，但企业作为社会的有机组成部分的现实，决定了企业必须以一个"社会人"的身份将其自身行为、目标、利益置于社会的约束和限制之中，主动将自身的利益和社会利益、自身的发展和社会的发展有机结合起来。社会是企业利益的来源，社会的根本利益就是企业的长远利益。这也决定了企业在促进社会发展的同时，不仅能实现自身的发展，同时也能得到社会的认可，获得发展的新动力。

在企业的发展进程中，时代与社会生产方式的变化必然对企业在不同时期提出不同的需求，企业每发展到一个阶段，都需要有适应那个阶段的理念和思想。很多企业经受住了时代的考验，不断调整自身战略及策略，为社会提供需要的产品和服务，所以能不断发展壮大。不可避免的，也有一些企业在发展过程中逐渐忘记了最初的心愿，或许一味追求经济利益的最大化，把利益最大化的决策原则变成了企业经营决策的金科玉律，带来一些社会难以接受的企业经营决策和后果问题；或许在激

---

[1] 殷格非. 不忘企业社会责任初心 [J]. WTO经济导刊，2017 (11).

烈的市场竞争中，营利压力导致企业背弃了为社会解决问题的初心，逐渐背离了基业长青之道。

二、企业初心决定企业的价值观

企业的价值观是指企业及其员工的价值取向，是指企业在追求经营成功过程中所推崇的基本信念和奉行的目标。不管社会如何变化，产品会过时，市场会变化，新技术会不断涌现，管理时尚也在瞬息万变，但是在卓越的公司中，企业价值观不会变，它代表着企业存在的理由。

不管是企业存在的意义，还是企业的价值观，都与企业的初心有着直接关系。企业的初心决定了企业将为社会解决哪些问题，进一步决定了这个企业的企业文化、企业理念等，也将引领企业遵循自己的初心去经营和管理，在践行初心中实现企业发展，在企业发展中实现初心。

企业所信奉与推崇的价值观，是企业的日常经营与管理行为的内在依据，作为价值判断的基础，规定企业的发展方向。例如，一个把利润最大化作为核心价值观的企业，当利润和创新、环保发生矛盾和冲突时，它会很自然地选择前者，使创新和环保服从利润的需要。

伴随着经济全球化进程的不断加速，企业的核心竞争力正在由质量竞争力和环境竞争力向以责任竞争力为核心要素转变。在这种背景下，树立以社会责任为导向的企业价值观，企业才能形成强大的凝聚力，才能产生强烈的社会责任意识，才能在激烈的市场竞争中胜出，才能获得持久的发展。而这种企业社会责任观的本质，就是用社会责任和可持续发展的理念重新思考企业为什么而存在、靠什么而存在、如何存在、如何体现出企业的存在及如何衡量企业的存在。这也是现代企业初心的内在要求。

第三节 三峡集团初心

习近平总书记指出，中国共产党人的初心和使命，就是为中国人民谋幸福，为中华民族谋复兴。[①] 三峡工程寄托着中国共产党的初心使命，赋予了中国三峡集团与生俱来的红色基因、国家基因和民族基因，流淌在骨子里的是家国情怀，浸润着一代又一代三峡人，紧跟党和国家的步伐，更好地为国担当、为民造福。

"为国担当、为民造福"起源于三峡工程建设。"参天之树，必有其根；怀山之水，必有其源。"自古以来，长江流域的洪涝灾害一直是中华民族的心腹大患。兴建三峡工程，治理长江水患，成为中华民族的百年梦想。为了综合治理长江洪水，护佑人民生命安全，党和国家决定兴建三峡工程。1993年，中国长江三峡工程开发总公司[②]成立，广大水电建设者怀揣水电报国之志云集三峡工地。面对艰巨繁重的建设任务和中国人从未攀登过的水电高峰，时任三峡总公司总经理的陆佑楣提出了"为我中华、志建三峡"这一响亮号召，极大激发了三峡建设者实现中华民族百年梦想、为国家争气、为人民造福的精气神，广泛凝聚起参建单位和社会各界的力量，为三峡工程的成功建设奠定了坚实的基础。所有三峡工程设计、建设、运营的参与者都把国家、民族的整体利益和长远利益放在个人利益前，用心血和汗水谱写了一曲曲艰苦创业、奋力拼搏的凯歌，生动诠释了"为国担当、为民造福"的初心使命，彰显了三峡建设者治水兴邦、水电报国的家国情怀，饱含库区移民"舍小家、为国家"的拼搏奉献，也成为中国三峡集团忠党报国、筑造"大国重器"、打造强

[①] 《决胜全面建成小康社会 夺取新时代中国特色社会主义伟大胜利》，2017年10月18日。
[②] 2009年更名为中国长江三峡集团公司，2017年完成公司制改制后更名为中国长江三峡集团有限公司，简称中国三峡集团。为便于表述，除个别地方外，后面统一使用中国三峡集团的简称。

国重企的使命担当，成为三峡人不忘初心、砥砺奋进的强大动力。

"为国担当、为民造福"是三峡集团初心的具体体现。20多年来，中国三峡集团始终将国家和民族的长远利益作为自己的最高追求，主动为党分忧、为国尽责、为民造福，把对祖国的无限热爱转化为实现国家富强、民族振兴、人民幸福的实际行动，自觉在急难险重任务中砥砺初心使命，不断增强人民群众的获得感、幸福感、安全感。从治水兴邦、水电报国到奉献清洁能源、推动绿色发展，从坚定贯彻新发展理念到坚持推动可持续发展，"为国担当、为民造福"的初心始终是中国三峡集团事业的立足之本和发展之基。对三峡人而言，民族的复兴就是人生的追求，国家的需要就是个人的选择，人民的幸福就是生命的价值。

"为国担当、为民造福"的初心内涵不局限于中国人民和中华民族，彰显了中国共产党"计利当计天下利"的博大胸襟，展示了中国三峡集团助力构建人类命运共同体的责任担当。中国三峡集团秉持人类命运共同体的理念，把自身发展同国家、民族和人类的发展紧密联系起来，积极促进"一带一路"能源互利合作，深度融入世界能源体系，期望在力所能及的范围内承担更多的责任和义务，通过创造更多更好的清洁能源，推动全球能源变革，为加快建设全球清洁低碳、安全高效的现代能源体系，应对气候变化，努力为人类可持续发展做出新的更大贡献。

"为国担当、为民造福"贯穿于中国三峡集团事业发展全过程。中国三峡集团始终秉承"为国担当、为民造福"的初心，以建设三峡工程为起点，筚路蓝缕、艰苦奋斗、脚踏实地、苦干实干，建设了一个又一个"三峡工程"，推动中国水电实现从跟跑者、并跑者到领跑者的跨越，已经成为全球最大的水电开发运营企业和我国最大的清洁能源集团，为全面建成小康社会和建设社会主义现代化国家作出了应有贡献。时光流逝，时代变迁，但中国三峡集团为之奋斗的理想和事业始终没有变，始终坚持通过负责任地建设一个又一个"三峡"，更好践行"为国担当、为民造福"的初心。一直以来，中国三峡集团以服务践行国家战略为最大战略，展示的是"功成不必在我，建功必须有我"的历史胸襟；自觉在服务国家重大战略中发挥排头兵作用，凸显的是实干兴邦的远大抱负。正是源于这种强烈的国家意识和深沉的家国情怀，中国三峡集团才能做到大势观得准、大局握得稳、大事谋得实，确保改革发展的步伐始终紧跟国家发展进步的节奏。

第四节 初心引领社会责任理念和实践

"为国担当、为民造福"的责任初心深深根植于三峡工程的建设和中国三峡集团的事业发展历程中。历经20多年的风雨洗礼和时光锤炼，"为国担当、为民造福"已经成为全体三峡人共同的责任观，凝聚成了不同时期的社会责任理念，是中国三峡集团跟随时代发展、满足国家和人民需求的不变内生动力，转换成了生动的社会责任实践。

一、初心引领社会责任理念

在建设伟大工程、打造伟大企业的过程中，中国三峡集团先后提出了"四个一"水电开发理念和移民工作十六字方针。这些理念都是"为国担当、为民造福"的责任初心在不同历史时期和发展阶段的具体体现和丰富发展。

自2003年开始，伴随着三峡工程首批机组投产发电，三峡人开始承担起开发金沙江的重任。按照国家授权，中国三峡集团滚动开发金沙江下游河段的向家坝、溪洛渡、白鹤滩、乌东德四座电站。面对新形势下水电开发面临的新问题，为避免因水电工程建设对流域周边生态环境及周边社区移民造成长期或不可逆转的负面影响，中国三峡集团提出

"建好一座电站、带动一方经济、改善一片环境、造福一批移民"的"四个一理念",并将其作为工程建设的指导性原则。"建好一座电站、带动一方经济、改善一片环境、造福一批移民"是指在水电开发中要树立尊重自然、顺应自然、保护自然的观念,要更加注重工程的质量安全,更加注重对地区经济的拉动作用,更加注重生态环境的保护,更加注重移民群众的利益。

为更好带动地方区域经济社会发展、造福库区移民,中国三峡集团又提出了"长期合作、融入当地、平衡兼顾、互利共赢"的指导方针。这一新思路、新观念的提出,表明了工作的出发点必须立足于长远,以诚相待,必须坚持将水电开发与当地经济社会的发展融为一体,平衡兼顾左右岸的利益、上下游的关系,从而实现企业和地方的双赢,以及人与环境的和谐,以实际行动推进生态文明,建设美丽中国,也体现了水电可持续发展的原则和思想。

要更好地推进社会责任,必须理念先行,用正确的理念引领社会责任实践。2016年,国务院国资委发布《关于国有企业更好履行社会责任的指导意见》,明确要求要"塑造社会责任理念。从社会责任角度重新审视企业的愿景、使命和价值观,梳理形成富有企业特色的社会责任理念和经营哲学,融入企业文化,引领企业发展。"按照国务院国资委要求,中国三峡集团从战略高度认识和理解企业社会责任,坚持把"为国担当、为民造福"放在首位,作为一切事业、行动的出发点和落脚点。这成为中国三峡集团履行社会责任的"根"与"魂"。

二、初心引领社会责任实践

"为国担当、为民造福"的责任初心在中国三峡集团履行社会责任过程中发挥了重要的引领作用,也为践行社会责任行动指明了方向、明确了重点。

第一章 责任初心：为国担当，为民造福

坚定不移地服从服务于国家战略。不忘"为国担当、为民造福"的初心，就是要坚决贯彻落实党中央的决策部署，把服从服务国家战略作为最大的战略。多年来，中国三峡集团始终牢记中央企业的政治责任、经济责任、社会责任，积极参与长江经济带发展、京津冀协同发展、长三角一体化发展，以及粤港澳大湾区建设、能源革命、脱贫攻坚一系列重大国家战略，发挥了中央企业应有的作用，攻克了一系列世界级工程技术难题。高质量建设、高效率运行三峡工程和向家坝、溪洛渡、白鹤滩、乌东德等一系列世界级巨型水电站，奠定了中国水电世界龙头地位。同时，中国三峡集团积极参与国家能源供给侧结构性改革，积极发展新能源，实施海上风电引领者战略，加快我国海上风电集中连片规模化开发；主动服务"一带一路"倡议，充分发挥自身在全球水电市场的资源配置能力和投资开发能力，推动中国水电"编队出海"，打造中国水电"走出去"升级版。在共抓长江大保护中发挥骨干主力作用，是党中央赋予中国三峡集团的新使命，也是中国三峡集团回答江河文明发展时代之问的新篇章。在抗疫、防洪、脱贫攻坚等关键时刻，三峡人听党指挥、挺身而出，以"国有战，召必回，战必胜"的信念冲锋在前，彰显"大国重器"的使命担当。

坚持与利益相关方合作。合作，造就了伟大的三峡工程；合作，更是中国三峡集团迈向伟大企业的必由之路、成功之道。中国三峡集团不忘"为国担当、为民造福"的初心，充分发挥中央企业的资源优势、影响力，在科技创新、生态保护、移民帮扶、脱贫攻坚等各个领域、各个层面与各方力量开展广泛合作，以合作拓展责任空间，以合作赢得责任机遇，实现合作共赢，创造经济、社会、环境的综合价值。

持续夯实社会责任管理。2012年，国务院国资委将社会责任管理列为中央企业提升管理水平的13项重点措施之一。中国三峡集团扎实开展社会责任管理提升活动，稳步推进全面社会责任管理，进一步完善

其社会责任组织机构，形成上下联动、横向贯通的社会责任管理组织机制。同时，不断完善社会责任制度政策，加强社会责任能力建设，以高质量管理促进高质量落实，使社会责任管理成为一种长效机制，形成恪守社会责任工作初心的重要抓手。

强化公开、透明的沟通。中国三峡集团建立健全日常信息披露机制，充分利用移动互联新媒体，及时、准确地披露企业履行社会责任的重要信息，将加强社会责任信息披露纳入日常管理要求。积极创新社会沟通方式、途径、载体和体系，促进利益相关方的理解、信任、支持和合作，致力于讲述好三峡责任故事，增进利益相关方的利益认同、情感认同和价值认同，树立好三峡的责任形象，助力提升企业品牌的认知度、知名度和美誉度。

做卓越的综合价值创造者。中央企业的性质决定了其从诞生开始，目标就不仅是为了股东营利，而是包括营利在内的经济、环境和社会多个目标追求。2011年，《中央企业"十二五"和谐发展战略纲要》明确提出把经济、社会和环境综合价值创造能力明显增强作为中央企业履行社会责任、促进和谐战略实施的三大目标之一。2016年，《关于国有企业更好履行社会责任的指导意见》进一步明确综合价值创造是国有企业社会责任的重要目标。中国三峡集团在发展过程中始终坚持将经济、环境和社会效益目标放到同等地位综合考虑，追求经济、环境和社会综合价值的最大化和最优化，实现企业可持续经营与社会可持续发展的多赢和共赢。通过社会责任管理，使中国三峡集团成为卓越的综合价值创造者。

第二章

坚守初心：
保持战略定力，服务国家战略

第二章 坚守初心：保持战略定力，服务国家战略

战略定力源于对初心的忠诚坚守，朝着既定目标笃定前行。中国三峡集团始终把服从服务国家战略作为企业的最大战略，始终树立以人民为中心的发展思想，坚守责任初心不动摇，保持战略定力，担起服务国家、为人民美好生活奋斗的社会责任。从建设三峡工程到建设一流企业，从开发水电资源到聚焦清洁能源，从"建设三峡、开发长江"到"管理三峡、保护长江"，中国三峡集团的发展战略和价值取向始终服从服务于国家战略，内化为企业的精神文化基因，保持战略定力不动摇。

第一节 建设三峡工程，造福沿江百姓

长江是中华民族的母亲河，是中国水量最丰富的河流，水力资源丰沛，流域面积约占全国土地总面积的1/5。长江同时也是雨洪河流，遇暴雨极易发生堤防溃决，漫溢成灾，威胁人民生命财产安全。三峡地处长江上游和中游的分界线处、洪水关口，紧邻长江防洪形势最为严峻的荆江河段，同时，三峡位于我国地势第二阶梯和第三阶梯的分界线，地势高低落差大，水能资源丰富，具备建设防洪大坝和水力发电站得天独厚的优势。

三峡工程是治理开发和保护长江的关键性骨干工程，具有防洪、发电、航运、水资源利用和生态环境保护等巨大综合效益。三峡工程的高质量成功建成，从根本上改变了长江中下游地区的防洪形势，成为长江中下游人民生命财产的安全屏障。不仅如此，三峡工程还显著改善了川江航道通航条件，成为名副其实的"黄金水道"，有力推动长江经济带的形成和发展。通过科学调度、精心运营，三峡工程已经成为我国最大

的淡水资源储备库和长江大保护的重要生态屏障，在长江经济带发展中发挥着基础保障作用。这些都属于三峡工程的显著社会公益功能。发挥好三峡工程的这些公益功能和社会效益，是中国三峡集团首要的社会责任。

防洪：从根本上改变了长江中下游地区防洪形势，最为险要的荆江河段防洪标准由十到二十年一遇提高到百年一遇，遇千年一遇特大洪水时，可在分蓄洪区的配合运用下保证荆江河段行洪安全，避免发生毁灭性灾害，保障人民生命财产安全。2020年入汛以来，长江流域出现连续强降雨天气，长江发生自中华人民共和国成立以来仅次于1954年、1998年全流域性大洪水。2020年8月20日，长江2020年第5号洪水洪峰抵达三峡工程，三峡入库峰值流量达75000立方米/秒，是三峡工程建库以来遭遇的最大洪峰，长江中下游防洪形势极为严峻。经过科学调度，超过1/3的洪峰被截流。据测算，如果没有三峡大坝，下游江汉平原将至少有60万人口被迫转移，超过60万亩土地将被淹没。

截至2020年年底，三峡工程累计拦洪61次，拦蓄超5万立方米/秒的洪峰19次，总蓄洪量1841亿立方米。

发电：三峡工程共安装水轮发电机组34台，总容量达2250万千瓦，年均发电量近1000亿千瓦时，是当今世界上装机容量最大的水电站，是中国西电东送工程中线的巨型电源点，有力支持华东、华中、广东等地区的电力供应，可缓解我国的电力供应紧张局面，成为我国重要的大型清洁能源生产基地。截至2020年年底，三峡电站累计生产优质清洁电能超过13991亿千瓦时。

航运：显著改善川江航道通航条件，成为名副其实的"黄金水道"，有力推动长江经济带的形成和发展。三峡船闸自2003年6月试通航以来，过闸货运量快速增长，三峡河段年货运量超过1亿吨，比蓄水前提高6倍，运输成本下降近四成，干线水上交通事故数减少约2/3，实现全年全线昼夜通航,使长江航道成为名副其实的"黄金水道",有力推动了长江经济带的发展。截至2021年6月18日,三峡船闸累计过闸货运量超过16亿吨,有力推动了长江经济带发展。

水资源利用:三峡水库已成为我国最大战略淡水资源库,可保障长江流域的供水安全,改善中下游枯水季水质,有利于南水北调等方面的水资源配置。截至2020年年底,三峡水库累计为长江中下游补水超过2200天,补水总量超过2900亿立方米。

生态与环境保护:三峡工程(见图2-1)节能减排效益十分可观,同时,由于航道条件改善,船舶耗油大幅度下降。截至2020年年底,三峡电站历年累计发电近1.4万亿千瓦时,相当于少燃烧标准煤4.29亿吨,减排二氧化碳11.65亿吨、二氧化硫22.4万吨、氮氧化物25.06万吨,节能减排效益非常显著,三峡电站已成为我国重要的大型清洁能源生产基地。

图2-1 三峡工程

第二节 开发金沙水电,服务长江经济带

金沙江下游的向家坝、溪洛渡、白鹤滩、乌东德四个梯级电站是长

江防洪体系的重要组成部分，是国家实施"西电东送"战略、实现"碳达峰、碳中和"目标、促进长江经济带发展的重要骨干工程。三峡工程的成功建设，为中国三峡集团积攒了丰富的水电设计、施工和生产运行经验，为后续开发金沙江、建设和管理具有世界一流水平的水电梯级工程提供了可借鉴经验；三峡工程发电后产生的巨大收益也可投入金沙江水电站群的建设中，实现"电生电"；同时，金沙江梯级水电群会使单座水电站的综合效益得以放大。因此，高标准、高质量、高水平开发建设好金沙江四座巨型水电站是中国三峡集团当仁不让的责任。

2002年，国家计委正式同意金沙江下游向家坝、溪洛渡、白鹤滩、乌东德四个梯级电站由中国三峡集团负责开发。全部建成后，四个梯级电站总装机规模将达4646万千瓦，相当于两个三峡工程，年发电量约1900亿千瓦时，可明显提升我国电力供应结构中清洁能源的比重，同时兼顾防洪、拦沙、灌溉、发展库区航运、改善下游通航条件等综合效益。

一、向家坝水电站

向家坝水电站位于云南省水富县与四川省宜宾县交界的金沙江下游河段，是金沙江下游水电基地最后一梯级水电站，2006年11月26日正式开工建设，2014年7月10日全面投产发电，如图2-2所示。

发电：安装了8台世界上最大的80万千瓦超级水轮发电机组，电站装机容量为640万千瓦，主要供电于华东地区，兼顾川、滇两省用电需求。

防洪：总库容为51.63亿立方米，防洪库容为9亿立方米，是长江流域防洪体系的重要组成部分，与溪洛渡水电站联合运行，可提高长江下游宜宾市、泸州市、重庆市等城市的防洪标准从五至二十年一遇到五十至一百年一遇。

航运：改善金沙江宜宾段 105 千米航道条件，使坝址以上航道由Ⅴ级提高到Ⅳ级。

灌溉：灌区可覆盖四川省、云南省所属的宜宾市、泸州市、自贡市、内江市、昭通市等近 20 个县市，灌溉面积达 530 万亩。

图 2-2　向家坝水电站

二、溪洛渡水电站

溪洛渡水电站位于四川省雷波县和云南省永善县接壤的金沙江峡谷河段，是金沙江下游水电基地第三梯级水电站，也是金沙江上最大的一座水电站，是金沙江"西电东送"距离最近的骨干电源之一，如图 2-3 所示。2005 年 12 月，溪洛渡水电站正式开工建设；2014 年 6 月 30 日，所有机组全部投产。

发电：安装了 18 台 77 万千瓦的水轮发电机组，装机容量为 1386

万千瓦，多年平均发电量为616.2亿千瓦时，使下游的三峡、葛洲坝水电站的供水期增加一个月，增加保证出力37.92万千瓦，枯水期电量为18.86亿千瓦时，使向家坝水电站增加枯水期平均出力33.63万千瓦，年增发电量13.54亿千瓦时。主要供电于华东、华中地区，兼顾川、滇两省用电需要，调节性能好，电力质量高，是"西电东送"的最优电源点。

图2-3 溪洛渡水电站

防洪：防洪库容为46.5亿立方米，是解决川江防洪问题的主要工程措施之一，可提高长江中下游沿岸宜宾市、泸州市、重庆市等城市的防洪标准。

航运：枯水期可使新市镇至宜宾河段流量较天然情况增加约500立方米/秒。

生态与环境保护：每年减少煤燃烧1878.79万吨，每年减少二氧化碳排放量约5126.78万吨，每年减少二氧化硫排放量9859.2吨，减少氮氧化物排放 1.10 万吨。

三、白鹤滩水电站

白鹤滩水电站位于四川省宁南县和云南省巧家县境内，是金沙江下游水电基地第二梯级水电站，2017 年 8 月 3 日主体工程全面建设，计划于 2022 年完工，电站建成后，将成为仅次于三峡水电站的中国第二大水电站，如图 2-4 所示。

图 2-4　白鹤滩水电站

发电：共安装 16 台单机容量世界最大的 100 万千瓦全国产水轮发电机组，电站总装机容量为 1600 万千瓦，保证出力 550 万千瓦，多年平均发电量为 624.43 亿千瓦时，是我国"西电东送"能源战略中的骨干电源点，可进一步提高电力系统中的水电比重，促进全国能源结构优化调整，保障能源安全，有利于促进"碳达峰、碳中和"目标的实现。

防洪：防洪库容为75亿立方米，是长江流域防洪体系的重要组成部分，可提高川江、长江中下游地区的防洪标准。

生态与环境保护：每年节约标准煤1903.89万吨，每年减少温室气体二氧化碳排放量9990.88吨，减少氮氧化物排放1.12万吨。

四、乌东德水电站

乌东德水电站位于四川省会东县和云南省禄劝县交界，是金沙江下游水电基地第一梯级水电站，如图2-5所示，2015年12月24日全面开工，2021年6月16日所有机组全部投产发电。

图2-5 乌东德水电站

发电：安装12台单机容量为85万千瓦水轮发电机组，总装机容量为1020万千瓦，多年平均发电量为389.1亿千瓦时，助力粤港澳大湾区等地方建设,是我国"西电东送"能源战略中的骨干电源点。可进一步提高电力系统中的水电比重,促进全国能源结构优化调整,保障能源安全。

防洪:防洪库容为24.4亿立方米,具有季调节能力,是长江流域防洪体系的重要组成部分,与其他水电站联合运行,提高长江中下游沿岸宜宾市、泸州市、重庆市等城市的防洪标准。

生态与环境保护:每年节约标准煤1186.37万吨,每年减少温室气体二氧化碳排放量3237.31万吨,减少二氧化硫排放量6225.6吨,减少氮氧化物排放6964.89吨。

中国三峡集团在长江干流建设运营的世界级水利水电工程,是促进长江经济带发展的骨干项目与中坚力量,事关国家安全与国计民生,中国三峡集团在长江经济带发展中作用重大、使命光荣,必须主动承担在促进长江经济带发展中发挥基础保障作用的重大责任。

在全球12大水电站中,有五座由中国三峡集团建设、运营、管理,在全球单机容量为70万千瓦以上的大型水轮发电机组中,超过2/3的大型水轮发电机组属于中国三峡集团,如图2-6所示。

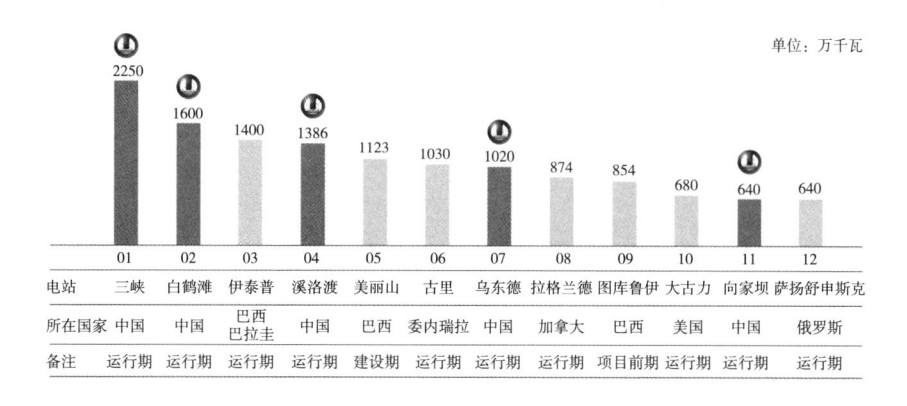

序号	01	02	03	04	05	06	07	08	09	10	11	12
容量(万千瓦)	2250	1600	1400	1386	1123	1030	1020	874	854	680	640	640
电站	三峡	白鹤滩	伊泰普	溪洛渡	美丽山	古里	乌东德	拉格兰德	图库鲁伊	大古力	向家坝	萨扬舒申斯克
所在国家	中国	中国	巴西 巴拉圭	中国	巴西	委内瑞拉	中国	加拿大	巴西	美国	中国	俄罗斯
备注	运行期	运行期	运行期	运行期	建设期	运行期	运行期	项目前期	运行期	运行期	运行期	运行期

图2-6 全球12大水电站排名

第三节 发展清洁能源，助力能源革命

2014年6月，习近平总书记在中央财经领导小组第六次会议上指出，能源安全是关系国家经济社会发展的全局性、战略性问题，对国家繁荣发展、人民生活改善、社会长治久安至关重要。同时，提出推动能源消费、能源供给、能源技术和能源体制"四个革命"和加强全方位国际"一个合作"，既为我国能源发展指明了前进方向，也为做好能源工作确立了行动纲领，对解决能源问题、保障能源安全具有强烈的针对性、指导性。

作为中国最大的清洁能源集团，中国三峡集团致力于建设世界一流的清洁能源集团，围绕国家能源战略和能源供给侧结构性改革要求，在促进清洁能源产业升级中发挥带动作用，坚决扛起引领推动清洁能源行业高质量发展的时代使命。早在2006年，中国三峡集团便逐步布局陆上风电、海上风电、光伏发电等新能源产业，推进由单一的水电业务向大型水电为主的综合性清洁能源开发转变。习近平总书记提出"四个革命、一个合作"能源安全新战略后，中国三峡集团坚决贯彻落实，加快推进清洁能源的开发与利用，秉持"风光协同、海陆共进"的开发思路，大力开发陆上风电、光伏发电，有序推进海上风电，稳健发展中小水电，探索推进光热发电技术、增量配网、燃气分布式能源、风电制氢等新业务，投资与新能源业务关联度高、具有优势互补和战略协同效应的相关产业，基本形成以风电、太阳能为主体，中小水电、战略投资为辅助的相互支撑、协同发展的业务格局，致力于引领新能源行业进入平价上网新时代。

一、海上风电

中国三峡集团坚定不移地实施"海上风电引领者"战略，把海上风电作为新能源业务的战略核心全力推进，集中连片规模化开发海上风电，形成"投产一批、建设一批、核准一批、储备一批"的滚动开发格局。

积极在沿海地区谋篇布局，启动粤东近海规划，推动海上风电大基地建设，广东省、福建省、江苏省等区域五个"百万千瓦级"海上风电基地已初具规模；持续布局中国大陆海岸线，在东北辽宁省、华东山东省、江苏省，华南福建省、广东省等1.8万千米大陆海岸线上，"海上三峡"风电走廊正在形成。截至2020年年底，已投产项目遍及江苏省、辽宁省、福建省、广东省沿海四个省份，投产装机规模超过140万千瓦，如表2-1所示。

表2-1　2009—2020年已投产海上风电项目及介绍

时间	项目	介绍
2009年	江苏省响水县21.45万千瓦海上风电场	国内首个近海海上风电项目，是当期国内单体最大的海上风电项目，为我国风电进军深蓝海域起到积极示范作用
2016年	福建省三峡海上风电国际产业园	国内首个海上风电产业园项目启动
2017年	辽宁省庄河市30万千瓦海上风电场	我国北方地区首个海上风电项目，为探索北方严寒海域开发海上风电新技术积累宝贵经验

续表

时间	项目	介绍
2018 年	广东省阳江市一至五期 170 万千瓦海上风电场	国内一次性开工建设规模最大的海上风电项目，将建成目前全亚洲最大海上升压站，为我国海上风电集中连片规模化开发先行先试
2019 年	江苏省如东县 80 万千瓦海上风电场	正在建设目前国内输送容量最大、输送距离最长的柔性直流输电海缆，对我国远海大容量海上风电开发建设具有重要示范意义
2020 年	江苏省大丰区 H8-230 万千瓦海上风电场	国内离岸距离最远的海上风电项目，该项目为我国海上风电开发远海化、关键技术国产化、施工作业体系化等方面起到积极推动作用

二、陆上风电

中国三峡集团围绕"风光三峡"战略，稳步推进陆上风电开发，继续巩固在内蒙古自治区、新疆维吾尔自治区等地的集中连片开发优势，优化战略布局，以特高压送出配套和大基地项目为重点，大力发展陆上风电。

截至 2020 年年底，已投产项目遍及内蒙古自治区、新疆维吾尔自治区、甘肃省等 25 个省、自治区、直辖市，投产装机规模超过 750 万千瓦，如表 2-2 所示。

表 2-2　2012—2020 年已投产陆上风电项目及介绍

时间	项目	介绍
2012 年	新疆维吾尔自治区哈密市 20 万千瓦风电场	国家能源局特许权项目，项目的建成对加快产业援疆、促进当地经济社会发展、推动绿色能源开发利用具有重要意义
2016 年	河北省康保县 15 万千瓦风电场	北京冬奥会柔性直流配套项目，在应用清洁能源、改善大气质量、优化电源结构、助力绿色冬奥等方面具有重要意义
2017 年	青海省锡铁山镇 10 万千瓦风电场	国内首个高海拔风电项目，项目的建成对我国高海拔地区风能资源利用具有积极示范作用
2018 年	甘肃省清水县白驼镇 60 兆瓦风电场	国家能源局定点帮扶的重点清洁能源项目，也是甘肃省天水市清水县脱贫攻坚重点产业项目，实现企业发展与精准扶贫有机结合
2020 年	内蒙古自治区乌兰察布市源网荷储示范项目（300 万千瓦）	全球规模最大的源网荷储示范项目，对当地加快构建现代能源经济体系、推动经济社会高质量发展具有重要意义

三、光伏发电

中国三峡集团围绕"风光三峡"战略，加快推进光伏多元化开发，有序开发大规模集中式光伏发电，抢抓分布式发电光伏+（农光互补、渔光互补、光储一体化）等业务发展机遇，形成由点到面的光伏开发格局。同时，紧跟国家能源政策，稳步探索光伏平价上网。

截至2020年年底，已投产项目遍及青海省、山西省、陕西省等21个省份，投产装机规模超过660万千瓦，如表2-3所示。

表2-3　2014—2020年已投产光伏发电项目及介绍

时间	项目	介绍
2014年	河北省曲阳县20万千瓦光伏电站	国内单体最大的山地光伏项目，将光伏开发与精准扶贫等有机结合，打造"光伏+"的"曲阳模式"
2015年	山西省大同市10万千瓦光伏电站	国内首批光伏"领跑者"项目，将发展光伏发电与治理采煤沉陷区相结合，探索采煤沉陷区生态修复，推动资源型城市能源发展方式的转变
2017年	安徽省淮南市15万千瓦光伏电站	全球最大的水面光伏项目，将采煤沉陷区闲置水面变成绿色能源基地，助推和引领国家新能源发展模式
2018年	青海省格尔木市50万千瓦光伏电站	国内首个大型平价上网光伏项目，标志着平价清洁能源走进千家万户，引领国内光伏产业进入平价上网新时代
	吉林省双辽市19万千瓦光伏电站	采用"光伏+农牧业"的新模式，实现土地高效利用、农业经济发展、生态设施保护三大效益统一的巨大改变，逐渐形成"以草养畜、畜粪还田"的循环经济发展新趋势
2020年	现代能源产业园	内蒙古自治区乌兰察布市首个新能源大基地，带动风机装备制造等相关上下游产业落地，实现新能源项目与关联产业协同发展

第四节　共抓长江大保护，永葆母亲河生机

2018年，国家发展改革委和国资委联合下发通知，明确新时代中国三峡集团发挥"六大作用"的新战略发展定位，即在促进长江经济带发展中发挥基础保障作用，在共抓长江大保护中发挥骨干主力作用，在带领中国水电"走出去"中发挥引领作用，在促进清洁能源产业升级中发挥带动作用，在深化国有企业改革中发挥示范作用，在履行企业社会责任方面发挥表率作用。新战略定位为中国三峡集团发展提供了更加清晰的思路、更加明确的发展目标、更加广阔的发展前景。

2018年4月26日，习近平总书记主持召开第二次长江经济带发展座谈会时指出，"三峡集团要发挥好应有作用，积极参与长江经济带生态修复和环境保护建设"。中国三峡集团坚决贯彻落实习近平总书记重要指示要求，明确提出加快从"建设三峡、开发长江"向"管理三峡、保护长江"转变，奋力实施清洁能源和长江生态环保"两翼齐飞"发展思路，把加强流域生态修复与推进能源革命结合起来，探索两翼融合发展新路，不断满足人民日益增长的美好生态环境需要。

一、协同共进，实现共建共享

中国三峡集团统筹推进"五位一体"总体布局，坚持共抓大保护、不搞大开发，以长江经济带发展推动经济高质量发展，充分发挥中国三峡集团在共抓长江大保护中的骨干主力作用，以城镇污水治理为切入点，带动生态环保产业链上下游有效聚合，积极探索生态环保产融发展之路，实现长江水资源保护和生态环境改善，为长江经济带生态优先、绿色发展提供有力支撑。

在国家发展改革委的指导下，中国三峡集团牵头成立了共抓长江大

保护五大平台，探索构建"政府为主导、企业为主体、社会组织和公众共同参与"的环境管理体系。成立核心实施平台——长江生态环保集团有限公司，依托长江经济带建设，负责与生态、环保、节能、清洁能源相关的规划、设计、投资、建设、运营、技术研发、产品和服务等；成立筹资平台——长江绿色发展投资基金，并联合中证指数有限公司发布"中证长江保护主题指数"，发挥资本市场在共抓长江大保护中的撬动作用；牵头生态环保上下游相关企业、机构建立共建平台——长江生态环保产业联盟，实现产业协同，形成推动共抓长江大保护合力；成立研发平台——长江生态环境工程研究中心，提供生态环境专业技术服务等；成立支撑平台——长江生态环保专项资金，保障长江大保护工作资金需求的长期机制安排。

长江环保集团迅速实现实体化运转，初步形成核心能力，搭建长江生态环保产业联盟，并分产业链环节设立规划设计、金融、运维、建设、咨询、研究及设备、技术和智慧水务7个专业委员会。初步建立长江大保护资金保障体系，首批项目债务融资落地。巩固与国家发展改革委等10个国家部委、沿江11个省市各级政府、产业联盟成员单位的"共抓"格局，与沿江11个省市、地级市政府签署战略合作协议，基本实现试点先行、拓展合作向长江经济带沿线全江转段、全面铺开。截至2020年年底，长江生态保护产业联盟成员单位达102家。

二、全面布局，拓展先行先试

中国三峡集团优先选择重点区域实施城镇污水治理先行先试项目，按照"开工一批、谋划一批、储备一批"的思路快速推动在九江市、芜湖市、岳阳市、宜昌市四个试点城市先行先试项目建设，总结梳理形成一批新模式、新机制，推广应用一批经验做法。在试点城市先行先试取得初步进展的基础上，新增拓展至长江上中下游12个合作市县，加快与新增合作市县签署合作协议，吸取和借鉴先行先试经验做法，快速完成相应的业务布局，多渠道推动项目落地落实。

自2019年6月以来，进一步向长江经济带沿线全江转段、全面铺开，积极推广应用新模式、新机制，深入推进"资本+"合作模式，加快形成在重点城市的业务布局。通过对安徽省芜湖市、江西省九江市、湖南省岳阳市、湖北省宜昌市四个试点城市现场调研，推动谋划一批重点治理项目，形成一期项目全面落地建设的良好局面，发挥以点带面的示范先锋作用。将"三峡模式""经验做法"在沿江省市推广应用，推动形成上海市、重庆市、武汉市、南京市、鄂州市、浏阳市、南昌市、马鞍山市沿江八个城市及秭归县、彭泽县、华容县、无为县四个县的拓展合作。在原有16个试点合作市县的基础上，与江苏省镇江市、泰州市，安徽省六安市、亳州市，江西省万安县，湖南省永州市、株洲市等85个长江沿线市、县、区积极对接，形成滚动建设、持续发展的良好势头。截至2021年4月，累计与沿长江地方政府签署共抓大保护合作协议120份。

三、三峡模式，输出典型经验

通过试点先行，中国三峡集团在借鉴和吸收大水电建设管理经验基础上，努力在规划、建设和运营等全生命周期降低项目成本，研究提出以"流域统筹、区域协调、系统治理、标本兼治"为原则的163字科学系统治水方案，探索形成了以聚焦"厂网一体"的治理模式、聚焦价格机制的商业模式、聚焦政企互利共赢的合作模式、聚焦产业联盟的共建模式等为代表的长江经济带城镇污水治理"三峡模式"，该模式已得到长江沿线省市的广泛认同和推广应用。

中国三峡集团：初心引领型社会责任管理

> **知识拓展**：中国三峡集团163字科学系统治水方案
>
> 以城镇污水处理为切入点，以摸清本底为基础，以现状问题为导向，以污染物总量控制为依据，以总体规划为龙头，坚持流域统筹、区域协调、系统治理、标本兼治的原则，遵循"一城一策"，突出整体效益和规模化经营，通过"厂网河湖岸一体""泥水并重"、资源能源回收、建设养护全周期等模式开展投资建设和运营，促进城镇污水全收集、收集全处理、处理全达标以及综合利用，保障城市水环境质量整体根本改善。

中国三峡集团积极参与长江大保护工作，科学探索出了城镇污水治理"三峡模式"，搭建起了实施主体、筹资平台、研发平台、共建平台、支撑平台五大平台，业务布局实现沿江省市全覆盖，截至2020年年底累计投入1550亿元，对应设计污水日处理能力1100万吨（含权益），设计建设运营管网长度超过两万千米，直接服务城镇面积1.88万平方千米，直接服务居民人数2466万人。

第五节 引领中国水电"走出去"，共建"一带一路"

2013年，习近平总书记在访问中亚和东南亚时，分别提出建设丝绸之路经济带和21世纪海上丝绸之路的倡议，成为实施新一轮扩大开放的重要举措。中国三峡集团作为全球水电的龙头企业，积极响应国家"走出去"和"一带一路"倡议，坚持"共商、共建、共享"原则，主动融入"一带一路"沿线地区和国家发展战略，建立"投资、建设、运营、咨询"一体化业务体系，深度融入全球清洁能源价值链，主动参与全球清洁能源资源开发，不断改善当地水电、风电、太阳能等清洁能源基础设施水平，助推全球能源绿色发展。

中国三峡集团以项目开发为载体，与国内重点装备制造企业搭建国际合作平台，带领中国水电的装备、技术、标准一起"走出去"，打造中国水电产业"走出去"升级版。

一、能源基建先行

中国三峡集团充分利用已有市场的先发优势和自身积累的综合优势，针对"一带一路"区域内的重点市场进行调整和布局，在32个国家和地区设立分支机构，在80多个国家和地区成功建设800多个在双边经贸关系中具有重要地位的项目，涵盖发电、输变电线路、供水、灌溉、高速公路等多个领域，助力东道国基础能源设施建设，大力提升安全、稳定、可持续清洁能源的供应能力。

中国三峡集团坚持负责任地参与全球水电工程建设，与各方积极努力，为海外业主和EPC总承包商提供一揽子解决方案，助力当地改善清洁能源基础设施水平，提升当地水电总装机容量，努力帮助当地进入能源自给自足的时代，成为中国水电"走出去"的典范。自1971年起，中国三峡集团承建的几内亚金康水电站、老挝南累克水电站、几内亚凯乐塔水电站、苏丹麦洛维大坝、罗赛雷斯大坝和上阿特巴拉水利枢纽六个水电项目作为背景图片先后登上三国国家货币。

二、开展能源合作

中国三峡集团坚持海外及"一带一路"建设项目的中长期规模性投资，坚持以清洁能源直接服务于项目国为目标，通过对风电、水电、光伏等清洁能源的综合产业规划，优化项目国能源供应结构，降低当地化石能源依赖和能源价格成本，提高能源使用效率，助力实现全球更大范围的自然资源可持续有效利用。中国三峡集团坚持开放包容，积极与多国企业开展务实、有效的商业合作，整合双方优势，携手开拓第三方市场，实现"1+1+1＞3"的共赢，助力全球清洁能源有序开发和可持续发展。

中国三峡集团海外能源市场已覆盖欧洲、南美和亚非等地，以"巴基斯坦和巴西"为重心辐射南亚、东南亚和南美洲地区水电投资市场，全资拥有的三峡巴西公司以巴西为核心市场，是巴西第二大私营发电商和最大私营水电公司；控股的三峡南亚公司以巴基斯坦为核心市场，负责南亚地区投资业务，投资开发的多个项目被列入"中巴经济走廊"建设框架。对于欧美发达国家和水能资源较为丰富的国家，中国三峡集团塑造发、配、售一体化协同发展新优势，通过绿地投资、股权并购等形式，广泛参与境外清洁能源合作。全资拥有的三峡欧洲公司以欧洲为核心市场，负责欧洲和北美地区的投资业务，是葡萄牙电力公司（EDP）的最大股东；与葡萄牙电力公司合资设立的环球水电公司以秘鲁为核心市场，负责全球中小水电投资业务。

三、助力当地发展

中国三峡集团积极回应与满足东道国各利益相关方的期望与需求，加强与项目国政府、产业伙伴、投融资机构及其他参与主体合作，按照市场规则构建合作机制，实现优势互补，积极参与当地清洁能源建设，形成利益共同体、协作共同体、事业共同体和命运共同体。

加大本地经营，带动本地装备、市场、人才、技术等产业要素的培育和成长，增加当地就业机会，通过提升当地员工的职业技能，为当地培训专业水电技术人才，促进属地化人才建设，提升当地人员素质和技能，努力实现在更大范围、更宽领域、更深层次上的合作共赢，为国际员工搭建国内外职业交流平台。

尊重当地文化与传统，以开放的心态与当地政府和社会公众沟通交流，通过设立"社区联络官"等方式深入了解当地居民的诉求与期望，妥善解决周边社区及村民的投诉与争议，在基础设施建设方面投入资源，帮助社区民众改善生活，促进项目所在地社区的发展。

积极开展慈善捐赠、扶危济困、抗震救灾、教育援助等活动，融入当地发展，努力做好全球企业公民，树立中国企业海外负责任的良好形象。

加强全球供应链建设，实施本地化战略，充分利用已有市场的先发优势和自身积累的综合优势，带动项目国上下游产业发展。

第三章

共护初心：
携手利益各方，共创综合价值

第三章 共护初心：携手利益各方，共创综合价值

中国三峡集团以利益相关方参与的形式构建多方参与的履责格局，不断加强对利益相关方的沟通及其关系管理，创造更多利益相关方参与公司生产运营各个环节的方式，深化利益相关方与自身的关系，将以"为国担当、为民造福"为核心的社会责任理念转化为实际行动。与政府、合作伙伴、非政府组织（NGO）、库区移民、贫困群众等利益相关方共同携手，不断加深利益相关方从公共事务到生产经营各环节的参与广度，实现经济价值、社会价值和生态价值的和谐统一，与利益相关方共享利益、共创价值，用履行社会责任的行动践行初心、完成初心。

第一节 平等互利，实现伙伴共赢

2018年4月24日，习近平总书记在视察三峡工程时强调，"真正的大国重器，一定要掌握在自己手里。核心技术、关键技术，化缘是化不来的，要靠自己拼搏。"中国三峡集团自三峡工程建设起便不断探索科技创新之路，坚持新发展理念，勇攀科技新高峰，求真务实、开拓进取，携手合作伙伴挑战最前沿的科学问题，攻克"卡脖子"的关键核心技术，与参建方共同进步，突破技术瓶颈。同时，与各行各业的领军企业共克时艰、共同发展，共创合作机遇、共享合作价值。

一、带动合作伙伴共同发展

三峡工程的成功建设与运行推动了我国水电技术的快速发展，这离不开各建设方、全体建设者的共同努力与奋斗。在工程建设初期，确定采用项目法人责任制和国家宏观调控有机结合的建设管理体制。国务院成立三峡工程建设委员会，负责三峡工程建设重大问题的决策、协调、

宏观资源配置和监督。中国三峡集团作为三峡工程建设的项目法人，全面负责工程建设的运行管理、资金筹备与偿还，是三峡工程建设管理的主体与核心，通过招标承包制、工程监理制、合同管理制等对工程建设全过程进行管理。最后，因为三峡工程建设的周期长、规模大、项目多等特点，中国三峡集团对工程建设实行分阶段、分层次、分合同项目的管理，以合同的方式将建设管理目标与责任关系分解并延伸到施工承包商、工程监理、设计单位，形成了设计、施工、监理等对项目法人负责、项目法人对国家负责的机制。在工程建设中，中国三峡集团将工程建设作为各方统一目标，明确各方之间均为合同关系，享有各自权益，并将此作为合同制订、工程协调等工作的根本。

三峡工程实行招标承包制，根据工程特点实行分项招标，按照"公开招标、公平竞争、公正评标、集体决策"的原则，运用市场竞争机制，优选国内的建筑承包商和国内外的设备制造商，形成由葛洲坝集团、清运公司、三七八兵团、三联公司及武警三峡指挥部五大集团组成的合作施工格局[1]，各方各司其职、各尽其能，在发挥自身价值的同时，不断破除万难、提升自身能力，成为行业领先者。其中，葛洲坝集团创造了一年装机投产 4 台总装机容量为 280 万千瓦的机组，以及 70 万千瓦机组安装工期 290 天两项世界纪录，成为世界首家拥有全部冷却方式巨型机组安装调试技术的企业。[2]

二、促进水电装备技术创新

在三峡工程建设之前，我国多个大型水电站项目已经开展与国外企业联合设计、国内生产的模式，但因无法获得技术转让，无法掌握核心

---

[1] 贺恭. 三峡工程建设和管理——在全国水利水电施工技术与管理交流会（99.9 昆明）上的讲话 [J]. 水利水电施工，2000（1）.
[2] 苏南. "三峡"发电机的故事｜壮丽 70 年·奋斗新时代 [J]. 中国能源报，2019（9）.

第三章 共护初心：携手利益各方，共创综合价值

技术。在国家对水电重大装备国产化的战略指导下，通过组织哈尔滨大电机研究所、哈尔滨电机厂、东方电机厂、中国水利水电科学研究院、长江水利委员会、东北输变电设备集团公司、西安电力机械设备制造公司、电力部南京自动化院、清华大学、天津大学、河海大学、华中科技大学、武汉大学等单位开展科技攻关，开展模型实验研究、建立试验台、总结国内设计制造经验、配合设计部门和论证小组提出三峡工程的水轮机和水轮发电机的参数方案等，为立足于国内自主设计制造做了大量的技术准备。

实现机组高国产化率、形成大型部件生产能力。通过三峡左岸电站工程引进技术、合作设计、合作制造、消化吸收的过程，国内企业不仅掌握了引进的技术，提高了水电设计和制造水平、工艺水平，并较好地按期完成分包任务。哈尔滨电机厂和东方电机厂共同努力，由国内两家制造企业为主制造的三峡左岸两台机组都在国内制造，各项指标均达到设计要求。哈尔滨电机厂开展的"三峡右岸水轮机水力性能研究"，不仅使我国混流水轮机整体水力和性能达到世界领先水平，更提高了哈尔滨电机厂的国际竞争能力，使其赢得国际市场。[1]

提升水电输变电制造业组件研发，实现自主创新。三峡工程还通过技术引进使国内企业具备了独立制造和自主创新能力。在三峡工程升压站输变电设备和直流送出工程成套设备的国际采购中，国家也给予国内制造企业扶持政策，让制造企业参与外商的合作设计、合作制造，并引进关键技术。保定天威变压器股份公司（保变）、沈阳变压器厂、西开、沈高等输变电制造企业在这次技术引进中，充分发挥了多年积累的技术基础，全面消化了引进技术，出色地完成了引进技术的消化吸收工作和合作制造任务。承担三峡直流换流站设备的制造企业全面完成了引

---

[1] 王江涛，《三峡工程：30年技术差距6年跨越》，华夏经纬网。

进技术的消化吸收和分包制造任务，直流输电工程中的大型成套设备用的关键设备可以立足国内生产。

中国三峡集团推动国内企业及有关技术力量，通过引进消化吸收、自主创新和深化拓展创新三个阶段，逐步实现了70万千瓦级以上巨型水轮发电机组、高压电气设备、调速系统及控制系统等关键水电装备的国产化，并推动了国内冶金材料、大型铸锻件及相关标准的全面技术进步，实现了水电装备技术水平和自主创新能力的新跨越。

中国三峡集团助力水电工程重大设备国产化的经验在向家坝、溪洛渡、乌东德和白鹤滩四座电站进行了复制与推广。西安西电开关电气有限公司自主设计制造的首批大容量发电机出口断路器成功应用向家坝左岸电站机组，使我国大型机电设备摆脱长期从国外公司进口的不利局面，跻身于少数能够生产该类高端设备的国家之列。在溪洛渡18台巨型水轮发电机组中，有15台采用国内拥有全部自主知识产权的产品，其他3台机组也主要由国内制造，大部分重要部件的材料由国内供货。[①] 乌东德水电站计算机系统平台、操作系统、数据库等软件实现全部国产化。白鹤滩水电左右岸各安装的8台100万千瓦水轮发电机组，是我国首次全部采用国产的百万千瓦级水轮发电机组，开创了世界水电百万千瓦水轮发电机组的新纪元。

三、引领清洁能源产业发展

作为全球最大的水电开发企业和中国最大的清洁能源集团，中国三峡集团把海上风电作为新能源业务的战略核心，提出了打造"海上风电引领者"的战略发展目标，以产业促发展，着力推动海上风电集中连片规模化开发。

---

① 占梁梁. 溪洛渡水电站大型机电设备国产化成就 [J]. 中国三峡，2013 (4).

中国三峡集团与福建省当地政府及企业共同携手开展样机试验风场及海上风电国际产业园两大产业发展战略，以实现福建省海上风电集中连片规模开发和全产业链一体化发展。

样机试验风场借鉴三峡工程的经验，选用金风科技、GE（通用电气）、西门子、海装、太重、明阳、东汽和湘电风能8个制造厂家共14台机组，积极推进8兆瓦、10兆瓦、12兆瓦海上风电机组研制及示范应用。目前，亚太地区单机容量最大的10兆瓦海上风电机组已并网发电。通过各厂家同台竞技，科学、客观、公正地对厂家开展综合评判，以确定适应福建地区的最优机型，并选取技术先进、质量可靠的风机厂家进入产业园。[①] 样机试验风场是涵盖国际、国内品牌最多的海上风电试验场，是全球首个国际化大功率海上风电试验风场。同时，此举也提升了海上风电装备的制造水平，带动全产业链条迅速发展。其中，中铁大桥局自主研发的旋转钻机在样机试验风场上实现了效率最高、可靠性最好的嵌岩施工效果。一帆新能源公司生产的钢管桩、过渡段和塔筒陆续用于样机试验风场，保障了项目的顺利进行；厦船重工首制的最新一代海上风电一体化作业移动平台"福船三峡号"依托样机试验风场在首台风机吊装中成功首秀，提高了海上风电工程施工效率，降低了海上风电场建设成本。

海上风电国际产业园规划引进风机、叶片、钢结构制造和生产配套厂，并建设国家级海上风电研发、检测和认证三大中心，达产后年产风电机组总容量150万千瓦以上，成为国际化的百亿级风电产业园。目前，金风科技、东方风电、江苏中车电机有限公司、艾尔姆风能、中国水利水电第四工程局有限公司5家企业已入驻产业园，涉及海上风电整

---

① 王轶辰. 水电、风电齐头并进，清洁能源集团建设步伐蹄疾步稳 [N]. 经济日报，2018-04-23 (11).

机、电机、叶片、结构件等风电机组设备全产业链。

此外，国内海上风电产业刚刚起步，许多标准和规范尚不完善。中国三峡集团不断加强海上风电标准建设。依托响水海上风电项目建设，完成《海上风电场电力传输海底电缆技术导则》《风力发电机组状态在线监测与故障诊断系统技术导则》等标准的编制，并积极开展海上风电标准体系研究。

第二节 协同合作，共护生态环境

中国三峡集团努力践行"绿水青山就是金山银山"的绿色发展理念，增强与地方政府、科研机构、环保组织、相关企业等的沟通与合作，积极探索生态保护新道路、新方法，加强流域生态保护、保护珍稀动植物，实现工程与环境、人与自然的和谐相处。

一、保护流域生态

中国三峡集团严格落实生态环境改善和影响减缓措施，开展流域鱼类栖息地保护，系统开展生态保护科研工作，打造流域生态保护典范。与国家有关部委一起组建的三峡工程生态与环境协调小组，共同领导、监督及协调库坝区、库区和受三峡工程影响地区的生态与环境保护工作。[1] 中国三峡集团在三峡工程规划建设过程中，开展生态与环境影响的相关研究，编制《三峡建坝对环境影响的报告》《三峡水利枢纽环境影响报告书》《三峡工程对生态与环境的影响及其对策》等报告。在工程建设期间，严格落实三峡工程施工区环境保护工作，采取水土保持、生产废水处理、生活污水处理、生活垃圾处理等措施。建立并运行三峡

---

[1] 桓文伟. 三峡工程与长江流域的生态环境保护 [J]. 水利水电科技进展，1996，16（2）.

工程生态与环境监测系统，以库区为重点，延及长江中下游乃至河口相关地区，对水文水质、污染源、鱼类及水生生物、陆生动植物、局地气候、农业生态环境、河口生态环境、人群健康、库区社会经济环境等进行全过程跟踪监测[1]，积极开展三峡工程后续环境保护工作。

为缓解长江生态保护与防洪需求及水电开发之间的矛盾，中国三峡集团与美国大自然协会（TNC）多年来一直合作推进可持续水电基金生态补偿机制的研究。这一补偿机制建议通过合理调整流域洪水防控体系的运行模式，合理的金融和经济模型设计，实现流域洪水风险控制能力的提升、夏季用电高峰期水电产能的提高，以及大坝运行对自然生态流量影响的降低，获得三个需求间的平衡。

在金沙江下游梯级水电开发过程中，中国三峡集团开展落实生态环境改善相关环保设计，乌东德、白鹤滩水电站组织开展集运鱼关键技术研究，完成集运鱼系统设计。2017年，集运鱼码头规划方案报告、集运鱼设计报告已编制完成。为保护金沙江鱼类，中国三峡集团携手美国大自然协会（TNC）、华东院制订了黑水河鱼类栖息地生态修复项目计划，拟通过黑水河干流的栖息地修复与建设，发挥其流水生境对长江上游特有鱼类的保护作用。自2018年12月开工至今，已完成老木河电站拆坝工程、梯级电站生态流量下泄保障及监控工程、松新电站减水河段生境修复试点工程。

为了更有利于维持下游河道原有的水生生态环境，溪洛渡水电站持续开展生态调度试验，在进水口采取四层叠梁门分五层取水的方案，采用水库分层取水方式减免下泄低温水的影响，提高下泄水温，降低低温水对鱼类生长繁殖的不利影响，创造适合鱼类繁殖所需的水温条件，实现对水生生物的保护。

---

[1]《三峡工程建设和生态保护情况》，国务院新闻办公室网站。

二、保护生物多样性

中国三峡集团采取种质资源保存、植物园保存、野外迁地保存、建设珍稀特有植物培育基地等多种措施，开展了对红豆杉、紫楠、枫香、红花玉兰等三峡珍稀特有植物的研究与保护工作。根据水土保持方案，分区进行了水土保持与生态修复。对工程施工区的古树名木，实行了就地或移栽保护。中国三峡集团通过摸底长江流域植物种质资源基因库、共迁地保护珙桐、红豆杉、荷叶铁线蕨、疏花水柏枝、伯乐树、篦子三尖杉、红花玉兰、连香树、水青树等特有珍稀植物，对疏花水柏枝进行抗逆性试验和野外驯化试验，对荷叶铁线蕨进行了生态修复模拟试验，收集、分级、保存长江流域特有珍稀资源性植物活体种质资源，采用传统繁育、组培等方式，保护长江流域的珍稀植物。图3-1为三峡库区特有珍稀植物疏花水柏枝繁育。

图3-1 三峡库区特有珍稀植物疏花水柏枝繁育

中国三峡集团与国内外多个政府机构、NGO 组织合作，通过"以鱼治水"水域生态保护，开展多样鱼类增殖放流活动，补充渔业资源，改善生物的种群结构，维护生物的多样性，利用水生生物食物链达到生态平衡。同时，成立的中华鲟研究所连续实施 64 次中华鲟放流活动，累计向长江放流中华鲟 504 万尾。2020 年 4 月，中国三峡集团将 10000 尾子二代中华鲟放归长江，是自 2009 年首次开展中华鲟子二代放流以来，放流子二代中华鲟数量最多的一次，如图 3－2 所示。该次放流的中华鲟实现"中、青、幼"结合，包括 2009—2019 年的五个年份梯队，以及出生于 2009 年的 10 尾全雄性中华鲟，对丰富野生中华鲟年龄梯队、提升野生群体遗传的多样性、调整自然条件下中华鲟的性别比例失调具有重要意义。

图 3－2　子二代中华鲟回归长江增殖放流活动

同时，建设金沙江下游流域环境监测站网，开展珍稀特有鱼类的栖息地与产卵场调查，生活史与自然繁殖规模、驯养技术、人工繁殖技术、苗种规模化培育技术等研究工作。① 中国三峡集团在金沙江下游流域鱼类栖息地保护工作中，形成了以长江上游珍稀特有鱼类国家级自然保护区为主体，以库尾流水河段、支流生境为重要补充，统筹兼顾、系统保护的自然生境保护格局。从金沙江下游流域鱼类栖息地保护工作中总体规划布局，系统保护自然生境，中国三峡集团联合农业部全面合作开展水生生态保护工作，建设了四处鱼类增殖放流站。2011—2019 年，在中国三峡集团与世界自然基金会（WWF）和相关部门的共同推动下，在确保洪水风险可控前提下营造人工洪峰，针对四大家鱼繁殖实施了九次三峡大坝生态调度，抢救性恢复了四大家鱼早期资源。

在海外，中国三峡集团将海外的先进理念技术与自身经验相结合，保护海外项目周边生物的多样性与环境。为解决金贻贝因繁殖能力强、环境危害巨大，对流域水质、水利水电工程造成极大破坏问题，自 2017 年起，三峡巴西公司与巴西生物局技术中心在巴西国家电力局（ANEEL）的研发项目框架下进行合作，通过基因技术从根本上解决金贻贝生物污染问题。为找到技术的突破口，研究人员对金贻贝的基因组进行了图谱绘制，这是巴西首次对此类生物体进行基因图谱绘制。在此基础上，专家对其基因进行改造处理，这些实验室培育出的金贻贝放生后，与野生金贻贝繁育出来的下一代将不再具有繁殖能力或附着能力，最终达到控制其数量的目的，进而保护了当地生态。在老挝，累计放流各类鱼苗 36 万尾。此外，在巴西，自 2017 年起每年增殖放流鱼苗 360 万尾。在秘鲁，实施"公共养鱼厂"项目帮助当地村民增产增收。

---

① 李予阳. 国际一流 责任先行［N］. 经济日报，2016 - 11 - 24（10）.

第三节 主动担当，贡献双碳目标

2020年9月22日，习近平总书记在第七十五届联合国大会一般性辩论上郑重宣布，"中国将提高国家自主贡献力度，采取更加有力的政策和措施，二氧化碳排放力争于2030年前达到峰值，努力争取2060年前实现碳中和。"这一重要宣示为我国应对气候变化、绿色低碳发展提供方向指引、擘画宏伟蓝图。

2021年3月15日，在中央财经委员会第九次会议上，习近平总书记再次强调，我国力争2030年前实现碳达峰，2060年前实现碳中和，是党中央经过深思熟虑作出的重大战略决策，事关中华民族永续发展和构建人类命运共同体。"碳达峰"和"碳中和"战略是顺应全球低碳发展的大势，是倒逼中国经济走向高质量发展道路的战略之举，已纳入我国总体发展规划。作为中央企业，中国三峡集团紧紧围绕做好"碳达峰、碳中和"工作，坚定不移地做强做优做大清洁能源产业，进一步推动经济社会发展全面绿色低碳转型，助力中国实现"2030年碳达峰、2060年碳中和"目标。

一、贡献清洁能源

清洁能源开发在加快生态文明建设、实现减排温室气体和应对气候变化等国家目标方面发挥着重要作用。中国三峡集团以水电开发为第一主业，积极布局以海上风电业务为战略核心的新能源业务，探索以清洁能源替代化石能源实践，为落实联合国2030可持续发展目标，实现我国2030非化石能源消费占一次能源消费比重20%的目标贡献力量。中国三峡集团已发展成为全球最大的水电开发运营企业和我国最大的清洁能源集团，清洁能源装机比例高达96%以上。

"十三五"期间，中国三峡集团累计国内清洁能源发电量12208.4亿千瓦时，可供应北京市使用约10年，相当于节约标准煤约3.81亿吨，相当于减排二氧化碳约9.92亿吨，相当于种植阔叶林约272万公顷。在海外，中国三峡集团紧随国家"一带一路"倡议，充分发挥自身优势，加强与产业链上下游协同合作，带动中国水电优势产能"走出去"，推动全球清洁能源开发，致力于实现全球绿色低碳发展。围绕"一带一路"倡议和周边、欧洲、南美、非洲等重点市场开展布局，境外业务已覆盖超过40个国家和地区，2021年境外发电量达355.2亿千瓦时。

二、加强节能减排

中国三峡集团严格落实大气污染物减排措施，加强火电设备节能改造，加快淘汰落后燃煤小热电机组，有效控制和减少因火力发电等传统能源开发造成的大气污染。湖北能源集团股份有限公司三期工程2×1000兆瓦机组环保总投资14.21亿元，占工程总投资的19.87%。该设计采用目前最为成熟的超低排放技术，采用"低氮燃烧+SCR烟气脱硝"工艺严格控制氮氧化物排放，采用"三室五电场静电除尘+湿式电除尘"工艺使烟尘排放浓度低于10mg/Nm³，采用"石灰石—石膏单塔双循环"工艺降低二氧化硫的排放。废水采用国内最新技术"利用烟气余热实现脱硫废水零排放"，从而实现生产废水全部回用不外排。三期工程整体环保水平达到或高于国内最高排放标准要求。

此外，中国三峡集团在上海证券交易所成功发行首批碳中和绿色公司债券10亿元，期限三年，将不低于70%的募集资金用于金沙江白鹤滩水电站项目建设，通过绿色金融助力落实水电项目节能减排目标。

进入新时代，中国三峡集团提出将继续发挥在清洁能源方面的优势，筑牢大水电的基本盘，加快风电、光伏等新能源的发展力度和速度，力争于2023年率先实现"碳达峰"，2040年实现"碳中和"，为筑牢我国能源安全体系、保障国家能源安全、实现高质量发展贡献更大力量。

三、开展水库温室气体研究

2011年，中国三峡集团与中国水利水电科学研究院、联合国教科文组织、国际水电协会共同召开"水库温室气体中国地区国际会议"。来自中国、法国、加拿大、印度、埃及、巴西、德国、葡萄牙、马来西亚9个国家的包括非政府组织（NGO）、科研机构和水电企业的59位代表，讨论由国际水电协会（IHA）专家组提出的水库温室气体测量方案体系，共同商讨建立一套全球标准化水库温室气体测量方法体系，以科学评估水库的温室气体排放水平。[①] 同时，积极开展三峡水库温室气体汇/源监测与研究，组织科技部"国家重点基础研究发展计划"课题的实施工作，启动中国工程院院士科技咨询项目"不同发电能源温室气体排放的关键问题研究"水电生命周期温室气体排放系数研究课题。

第四节　整合资源，倾力精准扶贫

党的十八大以来，以习近平同志为核心的党中央把脱贫攻坚工作纳入"五位一体"总体布局和"四个全面"战略布局，作为实现第一个百年奋斗目标的重点任务，做出一系列重大部署和安排，全面打响脱贫攻坚战。党的十九大将脱贫攻坚作为"三大攻坚战"之一进行部署，强调"确保到2020年我国现行标准下农村贫困人口实现脱贫，贫困县全部摘帽"。中国三峡集团作为国有经济发挥主导作用的骨干力量，与

[①] 《水库温室气体中国地区国际会议在三峡坝区举行》，中国三峡集团官网。

生俱来地具有履行社会责任的基因，同时坚守践行"为国担当、为民造福"的核心社会责任理念，自 2002 年起投身于国家扶贫开发事业。多年来，中国三峡集团积极贯彻落实习近平总书记精准扶贫的战略思想，落实党中央、国务院脱贫攻坚决策部署，把脱贫攻坚作为重大政治任务，积极参与国家定点扶贫、援疆援藏援青，以及四川、云南两省少数民族帮扶等地区脱贫攻坚，与当地政府、贫困群众形成合力，共同打赢脱贫攻坚战。中国三峡集团自 2018 年以来连续三年在中央单位定点扶贫成效考核中获得"好"的评价，并多次获得"全国扶贫开发先进集体""扶贫开发工作先进单位""中华慈善奖"等荣誉。

一、构建三峡扶贫模式

在定点扶贫、援疆援藏援青，以及帮扶四川、云南两省少数民族等贫困地区脱贫攻坚过程中，中国三峡集团与当地各级政府、贫困群众建立了长效的沟通协作机制，并形成了具有中国三峡集团特色的"政企民"携手帮扶模式，通过开展教育扶贫、健康扶贫、安居扶贫、基础设施扶贫、产业扶贫、生态扶贫等综合举措，打破单一常规的扶贫模式，做到有针对性的多种模式扶贫的相互补充和完善。

积极响应地方政府需求。积极了解帮扶地区最迫切的需求，与地方政府共同协商，以地方需求与中国三峡集团履行社会责任目标为方向，与自身发展战略、项目布局有机结合。建立社区代表参与项目建设开发机制，设立社区沟通参与平台，与社区群体开展沟通，广泛听取意见，以确定社会投资及社会活动优先事项。2005 年 7 月，国家发改委办公厅发布《关于无电地区电力建设有关问题的通知》，解决偏远无电地区的用电问题，支持偏远无电地区的电力建设。作为清洁能源企业，中国三峡集团积极响应国家能源局关于青海省无电地区电力建设工作的号召，全面承接青海省海西蒙古族藏族自治州无电户光伏独立供电任务，支持当地无电地区电力基础设施建设工作。2016—2019 年，中国三峡集团从政治高度、企业发展、企业公民三个维度立体回溯精准扶贫的初心。主动与川滇两省签署合作协议等，全力协助当地政府推进、落实精准扶贫举措。

充分发挥自身优势。与各地区扶贫主管部门建立精准扶贫机制，合力推进机制、联席会议制度和帮扶资金管理制度等多项工作机制，保障扶贫工作的规范性、科学性和有效性。建立省、县、乡三级帮扶体系，各部门、各单位共同参与，形成企地协同、上下联动扶贫工作格局，层层传导压力，建立落实台账，压实脱贫责任。根据地方政府需求、帮扶对象的自身特点，依托当地资源优势，实施安居扶贫、基础设施扶贫、产业扶贫、教育扶贫、健康扶贫、生态扶贫等，不断拓宽帮扶渠道。2013 年，为解决西藏那曲县水厂投入运行后受寒冻天气影响瘫痪问题，中国三峡集团充分发挥自身优势，组建专门的技术管理团队，并提供专款用于那曲县罗玛镇水厂复建工程。项目团队在高寒缺氧、气候干燥等恶劣气候环境下，克服重重困难，顺利查找出原水厂瘫痪原因。除修复受损设施外，项目团队还对该水源加设了保护设施，专项制作了阳光房、增设了保温层等，使水厂具备了长期稳定运行的能力，从根本上解决了当地居民的生产、生活用水问题。

贫困群众积极参与。抓紧脱贫帮扶机遇，积极参与"扶志"教育，坚定脱贫信心，从思想上斩断穷根，激发内生动力，完成从"要我脱贫"到"我能脱贫"的根本转变。加强与扶贫干部沟通交流，帮助中国三峡集团精准定位，制订最佳解决方案。积极参与特色产业发展，与中国三峡集团形成合力，共同探索、培育当地特色产业，依靠勤劳双手，获取稳定收入来源，实现脱贫致富目标。自 2019 年 10 月起，中国三峡集团开始援建重庆市巫山县柑园村乡村振兴示范项目，按照与乡村旅游相适应的农家小院风格，对全村 36 栋 38 户房屋进行改造，新建与旅游产业配套的公厕、停车场、田间滑道、文化庄园等设施，美化道路两侧景观76.3公顷，并将垃圾回收转运设施提档升级。2020年7月，柑园村入选第二批全国乡村旅游重点村名单。2020年9月，柑园村被农业农村部评选为中国美丽休闲乡村。美丽乡村不仅招来游客，也吸引着更多青年农民返乡创业，近两年返乡创业超过600人次助力乡村振兴。

二、倾力做好定点扶贫

自2002年起，国务院扶贫开发领导小组明确中国三峡集团定点扶贫重庆市巫山县、奉节县，中国三峡集团坚决贯彻落实党中央、国务院关于扶贫工作的各项决策部署，以高度的政治责任感和强烈的使命担当意识，倾力聚焦精准扶贫、精准脱贫，努力在打赢脱贫攻坚战中承担更多责任。建立健全工作机制，集团主要负责人调研督导，选派挂职干部，开展扶贫培训。截至2020年年底，累计投入扶贫资金8.6亿元、实施帮扶项目298个、委派挂职干部38名，成功助力重庆市巫山县和奉节县、江西省万安县、内蒙古自治区巴林左旗实现脱贫摘帽。

教育扶贫。聚焦校舍、教学设施等基础设施捐赠，改善学生学习环境。截至2020年年底，累计投入资金超过2.6亿元，新建扩建幼儿园8所、小学22所、中学8所、职教学校3所，并探索实施了以"走进大国重器、激发心中梦想"为主题的"三峡娃娃行"系列教育帮扶行动，阻断贫困代际传递。

健康扶贫。援建医疗基础设施、捐赠医疗器械、设立健康救助基金，全面改善贫困群众就医环境及医疗水平。截至2020年年底，累计投入资金超过2.2亿元，援建县级医院3所、乡镇卫生院7所，新建扩建村卫生室49所，并在奉节县和巫山县投入1.26亿元设立"医疗救助基金"，对贫困患者自付比例超过10%的部分给予兜底救助。图3－3

第三章 共护初心：携手利益各方，共创综合价值

为患者在重庆市奉节县朱衣镇中心卫生院结算窗口前支付医疗费用。

图3-3 患者在重庆市奉节县朱衣镇中心卫生院结算窗口前支付医疗费用

安居扶贫。援建、修缮贫困群众住房，极大改善当地群众人居环境。截至2020年年底，累计投入资金近1亿元，实施安居项目3个、饮水安全项目22个，惠及人口超过20万人。

产业扶贫。因地制宜，结合贫困地区及中国三峡集团的自身优势，发展特色产业，为贫困群众注入可持续发展动力。一是积极探索"旅游+扶贫"模式，2019年帮助巫山县新增引入客流超过20万人次，新增就业岗位超过2000个，增加旅游收入1.3亿元。二是复制推广"新能源+扶贫"模式。投入巫山县三溪乡、两坪乡195兆瓦光伏产业扶贫项目资金约10亿元。三是积极培育"生态+扶贫"模式，首期投资约5亿元的万安县城乡水环境综合治理项目。图3-4为捐赠重庆市巫山县旅游大巴。

图 3-4 捐赠重庆市巫山县旅游大巴

三、积极援疆援藏援青

认真贯彻落实党中央关于援疆援藏援青的决策部署，不断加大援疆援藏援青力度，多层次、全方位助力民族融合和边疆繁荣稳定。

在新疆维吾尔自治区，与政府合作建造工业园区，投资建设风电、光伏电站，促进船业发展。推进集镇、学校的改建与整修，援建生态经济防护林，改善基础设施。设立助学奖学金，派遣援疆教师，支持教育教学。截至 2020 年年底，累计投入援建资金 1.5 亿元，实施支援项目 94 个，委派挂职干部 22 人次，援疆教师 6 人次，教育援疆计划惠及皮山籍大中专生超过 4000 人。

在西藏自治区，向电网覆盖范围外村镇供电、援建安居工程、支持排水建设、改造升级通村公路，提升人居环境。截至 2020 年年底，累计投入援建资金 4.5 亿元，投入无电地区电力建设资金 2 亿元，投入供排水工程建设资金超过 4000 万元，投入墨脱县安居工程建设资金 8000

万元，定向培养西藏户籍大学生108名，投入林芝市通村公路建设资金1.2亿元。

在青海省，投资建设风电、光伏项目公司，支持青海无电区域电力建设。截至2020年年底，投入户用光伏发电系统无偿援建资金1142万元，发放独立光伏电源系统7152套，解决超过两万名农牧民群众的用电问题，投入风力、光照资源开发利用资金4.52亿元。

四、帮扶川、滇少数民族

在脱贫攻坚进入攻坚拔寨、啃硬骨头的关键时期，中国三峡集团积极响应中央号召，主动将资金向"三区三州"深度贫困地区倾斜。2016年分别与云南、四川两省签订协议，形成"三力齐发"的整族帮扶工作思路，2016—2019年四年间累计在云南省怒族、普米族、景颇族和四川省凉山州彝区彝族居住区投入帮扶资金36亿元，直接和间接受益人口超过27万人，兑现"全面小康道路上一个都不能少"的庄严承诺。2019—2020年，为助力金沙江库区深度贫困地区脱贫攻坚，中国三峡集团又分别向云南省昭通市和四川省凉山州等深度贫困市、州、县投入帮扶资金10亿元。

安居扶贫。建设三峡新村、安全住房，升级改造危旧住房，解决贫困群众住房安全问题，保障居者有其屋。截至2020年年底，在云南省三个人口较少的民族地区，建设农村安居房及改造危房14625户，易地扶贫搬迁1116户，美化、亮化房屋1435户。在四川省凉山州彝区彝族建设三峡新村80个，新建住房6476户，功能改造住房10059户，改造危房6141户。

基础设施扶贫。加强水利工程、交通设施、电力设施、公共服务设施等基础设施建设，建立全区域覆盖、普惠共享的基础设施服务网络，让贫困群众生活出行更加便利、提高生活质量。截至2020年年底，在云南省三个少数民族地区建设河桥 10 座，维修、新建村组道路 1233 千米，开展饮水安全巩固提升工程 138 个，建设小型农田专项水利工程 24 个，建设乡镇就业和社会保障服务机构 72 个，村级社区服务站 30 个，安装太阳能路灯 4781 盏。在四川省凉山州彝区彝族维修、新建村组道路 1265 千米，完成农田水利、饮水安全、供电设施等项目 341 个，建设公共服务配套设施项目 293 个。

产业扶贫。充分发挥云南省和四川省的自然资源优势，大力发展种养殖、旅游服务、生态扶贫等特色产业，增强贫困群众的内生动力，持续"造血"。截至 2020 年年底，在云南省三个人口较少的民族地区养殖猪、牛、羊等畜类 3.93 万头，鸡、鸭、鹅等禽类 4.05 万只，蜜蜂养殖 5226 箱，种植经济作物 1.74 万亩，经济林果 1.78 万亩，建设民族团结示范乡镇、特色旅游乡镇 11 个，扶持农业龙头企业 23 个，培养农村致富带头人 1706 人次，发展农村专业合作组织 33 个。在四川省凉山州彝区彝族设立扶贫小额信贷风险补偿金 3700 万元，完成产业发展项目 106 个。

教育扶贫。援建教学基础设施、开展捐资助学、举办劳动力技能培训班，扶志扶智。截至 2020 年年底，在云南省三个少数民族地区资助贫困家庭学生上大学 610 名，建设农村学前教育校舍 29 所，建设农村标准化中小学 6 所，组织职业技能培训 1231 人次，开展劳动力转移培训及劳务输出 890 人次，组织怒族、普米族、景颇族贫困中小学生参加"三峡娃娃行"宜昌水电夏令营活动 95 名。在四川省凉山彝区彝族累计投入贫困大学生助学专项资金 167.8 万元，累计资助贫困家庭大学生 839 人，组织贫困青少年参加"三峡娃娃行"暑期夏令营活动超过 90 名，组织职业技能培训和新型农民素质提升培训超过 5000 人次。图 3-5 为"三峡娃娃"画三峡大坝。

图3-5 "三峡娃娃"画三峡大坝

健康扶贫。改善医疗基础设施条件、救助患病贫困户、培训医疗专业人才、帮扶贫困地区妇女儿童，防止因病致贫、因病返贫。截至2020年年底，在云南省三个人口较少的民族地区累计投入帮扶资金4051万元，累计实施医疗卫生机构传染病重点专科建设项目29个，开展家庭医生签约服务9.56万人，开展医疗机构业务骨干栓心留人工程286人，购置残疾人辅助器具2446套。

生态扶贫。完善村庄环境整治、建设美丽乡村，推进公益林、天然林、水源林等重点生态保护修复，让绿水青山变金山银山。截至2020年年底，在云南省三个人口较少的民族地区累计完成地质灾害防治工程两个，采购发放太阳能热水器420户，实施环境整治惠及村庄57个，实施乡镇垃圾处理工程417个，发展林下产业1.17万亩。

第五节　帮扶移民，促进库区发展

移民安置是水电工程的重要环节，也是工程成功与否的关键因素，长江沿线百万移民的支持与奉献是中国三峡集团水电工程成功的重要因素，是中国三峡集团不断壮大的关键。基于此，中国三峡集团主动关心移民群众的权益，改传统补偿性移民办法为开发性移民，确立了"搬得出、稳得住、能致富"的移民安置目标，并创新建立了移民安置社会管理方式，以保障工程周边移民的利益。

一、实施开发性移民

三峡工程移民工作自开展起始终坚持可持续发展道路，确定开发性移民的基本政策，统筹使用移民资金，合理开发资源，保护生态环境，妥善安置移民，使移民的生产、生活达到或超过原有的水平，积极为三峡库区经济和社会发展创造条件。作为三峡工程的建设者和运营者，中国三峡集团积极配合国家做好三峡工程建成后的移民扶持工作，在妥善安置移民、促进移民就业、支持文化教育和推动区域经济发展等方面做出积极努力。在随后的金沙江下游水电开发中，中国三峡集团始终坚持以人为本和可持续发展理念，借鉴三峡工程移民的经验，坚持"建好一座电站、带动一方经济、改善一片环境、造福一批移民"的"四个一"水电开发理念，秉持"融入当地、长期合作、平衡兼顾、互利共赢"的原则，与地方政府部门建立多层次沟通协调机制，稳步推进移民工作，保障移民安稳致富和促进库区经济社会发展。

中国三峡集团坚持贯彻以人为本的科学发展观，主动关心移民群众的权益，改传统补偿性移民办法为开发性移民，确立了"搬得出、稳得住、能致富"的移民安置目标，并创新建立了移民安置社会管理方式，以保障工程周边移民的利益。中国三峡集团充分利用库区当地资源，配套落实国家关于移民安置和库区建设有机结合的工作要求，实施"先移民，后建设"机制，有序推进库区开发性移民，将移民安置与库区建设、改善生态环境有机结合，使库区的人口、资源、环境、社会、经济实现可持续协调发展。移民安置的本质是人的迁移与安置，需坚持以人为本，保障其生存、生产和发展的权利，为移民提供可持续的生产生活条件。中国三峡集团创新移民安置社会管理模式，保障移民权益，建设和谐库区。一是建立科学移民补偿政策体系，制定了以移民安置规划为基础、以重置成本为补偿标准的移民搬迁补偿政策。二是实行多元安置模式，采取本地安置与异地安置、集中安置与分散安置、政府安置与移民自找门路安置相结合，加强移民参与。三是全面施行移民工程科学管理。四是从产业帮扶和技术能力提升为切入点，保障移民长期可持续发展。2008年，中国三峡集团会同四川、云南两省移民管理机构合作开发建设水电工程移民管理信息系统，优化移民工作流程，提高工作效率，以应对水电移民工作涉及面广、可变因素多、管理复杂等问题。通过水电移民管理信息系统的建立实现了水电工程移民项目实物指标的标准化和可核查、资金拨付与使用的可追溯、安置效果的可评价，实现基础数据资源的充分利用和全面共享，增强移民安置过程及实施效果的规范性、可控性和透明度。

中国三峡集团充分利用库区的各种资源（自然资源、人力资源）和移民资金，有计划地组织移民开发资源、发展生产、建设库区。通过经济发展，实现移民经济的良性循环和妥善安置，达到恢复与超过移民不搬迁时的生产生活水平，使移民安居乐业、长治久安。在推进开发性移民工作中始终遵循恢复原则、发展原则、系统性原则和参与原则。其中，恢复原则指利用淹没损失的补偿投资，帮助移民进行生产和库区建设。发展原则指将补偿和发展结合起来，通过各种措施，实现移民区经济社会的持续、稳定发展。在三峡库区，自2003年起从三峡电站售电收入中提取一定比例资金，建立三峡库区移民后期扶持基金（2007年11月更名为三峡水库库区基金），专项用于扶持三峡库区移民生产、生活，改善生产条件和基础设施。在金沙江库区，累计承诺支持四川、云南两省超过100亿元，用于支持地方水利工程、道路桥梁等重要基础设施建设。系统性原则指在进行开发性移民安置时统筹兼顾、综合平衡。在三峡库区，将移民安置与库区精准扶贫紧密结合，使移民安置区的人口、资源、环境协调发展。在金沙江库区，将移民安置与库区建设、改善生态环境有机结合，统筹兼顾库区与安置区、移民经济系统恢复与社会文化系统恢复、移民安置区与所在地区的区域经济发展。参与原则指移民有权就涉及个人或集体切身利益的工作发表意见，并享有自身应有的权利。在三峡库区，积极参与和组织三峡工程库区移民工作对口支援的经验交流，广泛听取各方意见，不断完善帮扶举措。在金沙江库区，在溪洛渡、向家坝、乌东德、白鹤滩水电站移民安置规划报告编制期间，充分听取政府、移民等各方意见，共同确定移民补偿补助项目和标准等内容。

二、建立利益共享机制

饮水思源，中国三峡集团在建设水电站的同时，不忘库区周边移民群众，积极做好水电移民帮扶，支持三峡、金沙江库坝区经济社会发展。

2019年，国家发改委发布《关于做好水电开发利益共享工作的指导意见》，根据《中华人民共和国国民经济和社会发展第十三个五年规划纲要》《中共中央国务院关于打赢脱贫攻坚战的决定》等文件要求，就做好水电开发利益共享工作提出了8条意见，包括完善移民补偿补助、尊重当地民风民俗和宗教文化、提升移民村镇宜居品质、创新库区工程建设体制机制、拓宽移民资产收益渠道、推进库区产业发展升级、强化能力建设和就业促进工作、加快库区能源产业扶持政策落地。[1] 中国三峡集团严格落实实施开发性移民方针，实行"政府负责、县为基础、项目法人参与、综合咨询"的工作体制，参与移民实施过程，负责移民资金的筹措和拨付。

一是加大清洁能源建设，助力区域发展。中国三峡集团按照国家授权，投资长江及金沙江溪洛渡、向家坝、乌东德及白鹤滩四座梯级电站建设，在充分利用水电清洁能源减少我国二氧化碳排放的同时，助力推动相关产业和区域经济的发展。此外，枢纽工程建设及移民搬迁安置显著改善周边交通、电力等基础设施，同时，极大推动移民安置点新型城镇化建设。二是通过税收和分红，共享电站利益。在梯级电站建设运营期间，除向电站所在地政府持续、稳定地缴纳各种税费收入外，还通过持有已投产电站股权的方式，让当地政府长期共享电站开发成果。三是缴纳水库基金，支持库区发展。严格按照国家的相关规定缴纳各项费用，积极支持库区发展。与此同时，还按国家要求上缴三峡后续规划100亿元专项资金。四是主动请缨挑重任，助力库区打赢脱贫攻坚战。2019—2020年，在脱贫攻坚进入决战决胜的关键阶段，向云南省昭通县和四川省凉山州等地捐资10亿元，助力当地贫困群众攻克深度贫困堡垒。五是设立专项帮扶基金，支持库区后续发展。从溪洛渡、向家坝两电站发电收益中提取资金建立金沙江水电基金，用于支持金沙江库区移民后续帮扶和生态环境治理，专项用于金沙江下游水电站移民帮扶和生态环境保护。

---

[1] 国家发展和改革委员会等六部门《关于做好水电开发利益共享工作的指导意见》（发改能源规〔2019〕439号）。

三、持续开展库区帮扶

既要绿水青山,也要金山银山。中国三峡集团秉承"建好一座电站,带动一方经济,改善一片环境,造福一批移民"的水电开发理念,在实施水电开发创造巨大综合效益的同时,充分发挥自身优势,积极开展库区扶贫开发,高度重视移民搬迁安置和后续帮扶,通过创新扶贫开发实践,不断增强库区经济发展的内生动力,实现企地双赢。

1. 三峡库区帮扶

三峡工程累计完成130余万移民搬迁安置任务,先后迁建2座城市、10座县城和114座集镇,新修等级公路830千米,创造了史无前例的壮举和奇迹。在三峡库区,中国三峡集团除按时足额计提三峡水库库区基金、上缴三峡后续规划100亿元专项资金外,累计投入帮扶资金超过10亿元,开展基础设施建设、特色产业培育、教育事业发展、医疗卫生援助、生态环境保护等帮扶工作,促进三峡库坝区经济社会发展。经过20多年企地共建,三峡库区基础设施明显改善,城乡面貌焕然一新,特色产业体系逐步形成,地方经济社会实现了跨越式发展。

2. 金沙江库区帮扶

在金沙江下游四座电站的开发建设中,除现行移民政策之外,中国三峡集团累计支持四川、云南两省超过100亿元的资金,用于支持地方水利工程、道路桥梁等重要基础设施建设。溪洛渡、向家坝电站投产后,中国三峡集团主动从两电站发电收益中提取资金,设立金沙江水电基金,建立库区帮扶长效机制。聚焦教育帮扶和产业帮扶,用心策划实施社会责任项目,狠抓项目落地,成功开展三峡种子基金、"三峡娃娃行"、三峡班班通、三峡励志班、三峡奖学计划、三峡烛光行动等具有三峡特色品牌项目,探索输血与造血、扶贫与扶智相结合的精准扶贫模式。加大库区扶持力度,聚焦库区移民后续帮扶和生态环境治理,采取切实可行的措施,帮助移民改善生产生活条件,提升教育医疗水平,完善基础设施建设,助力移民实现可持续发展。

截至2020年年底,中国三峡集团累计支出超过13.7亿元,金沙江下游溪洛渡、向家坝、乌东德、白鹤滩四座电站的总投资近5000亿元,在金沙江库区打造四个三峡教育帮扶品牌项目,累计惠及学生超过60000人次,如图3-6至图3-9所示。

图3-6　四川省凉山州民族中学三峡励志班的同学们

图3-7　四川省凉山州西乡乡中心小学"三峡班班通"课堂

图 3-8　葫芦口中心小学三峡支教老师曾俏正在上美术课

图 3-9　"三峡奖学计划"受奖学生活动

第六节　扶危助困，投身公益慈善

中国三峡集团不忘初心，注重回报社会，积极投身公益慈善，与受灾地区、困难群众心手相牵、风雨同行，传递中国三峡集团的爱心，为促进社会和谐发展贡献三峡力量。多年来，中国三峡集团累计投入捐赠资金近4亿元，全力支持抗震、抗洪、抗冰雹、抗疫情等赈灾救危工作。此外，还积极参与弱势群体关爱、环境保护、文化教育支持、志愿服务等其他各类社会公益活动。

2008年5月12日，四川省汶川县发生8.0级大地震，牵动全国人民的心，中国三峡集团所建设的向家坝、溪洛渡两个水电站建设工地均震感明显。中国三峡集团第一时间启动地质灾害应急预案，保障施工现场人员及建设工程的安全。同时，中国三峡集团通过四川省民政局向四川省地震灾区捐款1500万元，支援抗震救灾和灾后重建工作。

2016年7月，湖北省宜昌市遭受强降雨袭击，清江流域发生罕见的特大洪水，巨量漂浮物堆积在清江高坝洲电站坝前，高坝洲电站被迫全厂停机。灾情发生后，中国三峡集团高度重视，开展抢险工作，高效完成清漂、打捞和防疫等工作，并成功解救当地9名受困群众。同时，中国三峡集团向当地政府捐赠3000万元救灾款，支援灾区重建，帮助灾民尽快恢复正常工作和生活。

2020年年初，新冠肺炎疫情席卷全球，中国三峡集团始终坚持人民至上、生命至上，充分发挥中央企业在国民经济中"稳定器""压舱石"的作用，全力以赴助力打赢新冠肺炎疫情防控阻击战。在新冠肺炎疫情防控期间累计向湖北省捐赠1.7亿元，捐赠防护物资超过25万件，减免322户中小微企业租金1670万元，向巴基斯坦、葡萄牙、巴西等国捐赠防疫物资合计5878万元，如图3-10所示。

图3-10 组织抗疫医疗队援助巴基斯坦新冠肺炎疫情防控工作

中国三峡集团积极响应国务院国资委号召，参与央企贫困地区产业投资基金，在第一期出资6亿元的基础上，2019年再次增资4.64亿元，累计出资10.64亿元，助力打造现代农业、资源开发、清洁能源、医疗健康、产销对接、产业金融、资本运作七大产业扶贫平台，助力贫困地区培育发展特色产业，增强其造血功能和可持续发展能力。深入贯彻落实习近平总书记关于共抓长江大保护系列重要指示批示精神，设立长江大保护专项基金，用于长江经济带沿线11省、市无回报的长江大保护水污染治理、水生态修复、水资源保护项目等公益性支出，积极探索推动长江水质变好的可持续、可复制、可推广的模式和机制。

第七节 共享价值，促进员工成长

员工是企业发展的根基，是企业最重要的组成部分，中国三峡集团认为，人才管理是社会责任管理的重要组成部分，同时也是全面融入社会责任理念、提升企业履行社会责任能力的重要保障。中国三峡集团在人才管理中需全面融入社会责任理念，保障员工权益，为员工提供平等、安全的工作环境，以及建立健全的薪酬福利体系。通过多样的员工培训，提升员工的社会责任意识，倡导员工在工作和生活中积极履行社会责任。通过将社会责任融入人才管理制度，切实保证人才管理理念及举措符合企业社会责任要求。

保障员工权益。中国三峡集团严格遵守国家及项目运营所在地的相关法律法规，遵循与人权、劳工权益有关的国际公约。坚持平等雇佣，中国三峡集团严格遵守国际及运营项目所在地的相关法律法规和政策，遵循人权、劳工等有关国际公约，遵守平等、协商一致等原则，在招聘、培训、晋升等方面严格禁止性别、地区、宗教、国籍等歧视，切实维护其合法权益，促进员工和企业共同发展。强化民主管理，充分发挥职代会作用，加强企业民主管理，认真办理职代会提案，保障员工的知情权、参与权、表达权和监督权，加强企业与员工之间的协调沟通，促进员工参与企业发展、维护自身权益。制订薪酬激励及薪酬增长机制，改革收入分配制度，按照突出价值创造和市场导向原则，优化收入分配结构，规范收入分配秩序；加强薪酬管理，不断探索中长期薪酬激励机制，促进薪酬制度合理、科学、规范，提高员工对薪酬福利的满意度。

注重职业健康。中国三峡集团强化职业健康日常管理，定期为一线员工开展健康诊疗服务，组织策划文体活动，开展职业健康教育活动，举办预防职业病专题讲座，帮助员工加强职业病预防。开展心理健康咨询活动，为一线员工提供心理辅导咨询，举办专题讲座和专家驻场咨询。2020年新冠肺炎疫情防控期间，针对施工区人员多、来源广、流动性大等特点，中国三峡集团实时关注员工的防疫工作，做好预案和物资、人员等方面的充足准备，安排急缺岗位和关键岗位人员到岗时间和隔离措施，采取封闭管理，协调地方政府做好生产生活物资供应，全面加强办公场所保洁、消毒工作，及时采购发放口罩、红外线测温仪等防护用品。各级党组织和党员干部挺身而出，坚守一线，坚持关口前移，落实属地管理，关注每一个员工的行程并积极宣传防疫知识，保障员工的安全。

强化培训发展。中国三峡集团构建纵向以岗位锻炼、交流任职为基础，横向以集中培训、个性化培养为牵引的复合型人才培养模式。加强水电项目建设、水电项目运营、国际化人才等专业人才培养。与高校合作培养水利水电专业人才。开展集团办班、公司办班、基层办班、外部培训、网络学习等多种形式、全方位的培训活动。通过高频次、全覆盖的员工培训提升员工的综合素质和业务能力，举办"管理骨干轮训班"等脱产培训。为助推企业战略实施、培养国际一流的人才队伍，中国三峡集团成立集团党校（教育培训中心），通过构建学习创新平台，提升员工能力，培养各层次人才。2018年，中国三峡集团党校（教育培训中心）以人才培养体系、教学管理体系和各级师资队伍建设为重点，借鉴国内外一流企业大学的先进经验，着力培育提升教学研究、课程设计和组织实施能力，更好地培育人才。

关爱员工生活。中国三峡集团注重平衡员工的工作和生活，开展员工健步走活动，组建足球协会、篮球协会、摄影协会、瑜伽协会等文体组织，丰富员工的业余生活，帮助员工提高工作绩效和生活质量。帮扶困难员工，坚持开展送温暖活动，关心慰问劳动模范、离退休员工，对生活困难的员工实施帮扶，帮助他们解决实际困难，传递温暖。针对中国和巴西员工的文化差异，三峡巴西公司开展"We"文化融合项目，通过讲座、跨文化能力评估、案例分析、角色扮演等丰富多彩的形式，使100多名来自中国和巴西两国的员工加深对彼此的了解，破除"刻板印象"。针对中国派驻巴西员工，推出"Buddy"项目，中方员工与巴西同事结成"伙伴",互相介绍彼此的文化及风土人情,在工作、学习和生活中互相帮助。这一项目不仅让中方外派员工减轻孤独感,克服"文化休克",同时也促进巴西同事更多了解中国文化及企业文化。三峡巴西公司"We Are Buddy——品牌化项目推动跨文化融合"被评为2019中国企业海外形象建设"跨文化融合类"优秀案例,并入选十大优秀案例奖(第一名)。

随着中国三峡集团战略定位的不断变化,中国三峡集团与行业合作伙伴、各级各地政府、NGO(非政府组织)、研究机构、库区移民、贫困群众等共同参与,以协同创新、跨界合作、沟通参与、多方协同的参与方式,以共商、共建、共享、共赢的方式充分发挥中央企业的资源优势和影响力,积极履行社会责任,实现伙伴共赢、保护生态流域、促进移民可持续发展、倾力精准扶贫。以利益相关方参与的形式,构建多方参与的履责格局,将"为国担当、为民造福"的核心社会责任理念转化为实际行动,实现了经济价值、社会价值和生态价值的和谐统一,用履行社会责任的行动践行初心、完成初心。

第四章

永葆初心：
夯实责任管理，构建长效机制

第四章 永葆初心：夯实责任管理，构建长效机制

中国三峡集团高质量的社会责任管理工作基于对"为国担当、为民造福"责任初心的坚守、践行、保鲜。而社会责任管理工作的全面落实需要推动社会责任管理机制具有指导性、针对性、可操作性的转变，从而更好地"为国担当、为民造福"。实现高质量的社会责任管理工作，离不开高质量实践的有力驱动。

2008年，国务院国资委发布《关于中央企业履行社会责任的指导意见》（以下简称《指导意见》），开启了中央企业履行社会责任的新征程。《指导意见》总体要求明确提出，中央企业要增强社会责任意识，积极履行社会责任，成为依法经营、诚实守信的表率，节约资源、保护环境的表率，以人为本、构建和谐企业的表率，努力成为国家经济的栋梁和全社会企业的榜样。按照国务院国资委要求，中国三峡集团高度重视社会责任工作，把履行社会责任工作作为企业重要议事日程，定期研究部署，不断加强社会责任管理。

第一节 构建组织体系

社会责任组织治理是加强企业管理与社会责任全面融入的最关键因素，是社会责任工作全面开展的组织基础，是提高履行社会责任能力的具体方法，是使中国三峡集团在提供稳定电力、发挥综合效益、保护生态环境、构建和谐库区、回馈周边社会等核心主题方面表现出对社会责任负责任的行为。

组织治理能够营造并培育社会责任原则，使社会责任理念得以践行的组织环境和文化能够平衡组织与利益相关方的需要，能够改善组织的风险管理实践，实现自身的可持续发展。为全面开展社会责任管理工

作,中国三峡集团自2007年起不断完善社会责任组织机构,形成上下联动、横向贯通的社会责任组织体系,将社会责任工作落实到负责机构及责任人。

一是建立社会责任工作领导机构。中国三峡集团成立履行社会责任工作领导小组,由董事长、总经理共同担任组长,领导小组下设办公室(社会责任办),落实专人具体办公。社会责任领导小组及所属单位社会责任领导小组负责总体统筹规划与推进,对社会责任工作的推进、执行进行管控,指导各职能部门及下属单位社会责任领导小组工作。二是建立社会责任工作归口管理部门。中国三峡集团社会责任办及所属单位社会责任办,负责决策资源统筹和模式推广,是社会责任工作归口管理部门,在集团社会责任工作领导小组领导下,指导各部门社会责任专(兼)职人员及下属单位社会责任办开展工作。三是建立社会责任工作专岗。社会责任办下设可持续发展专职岗位,各单位、各部门同步选定社会责任专员,配合参与实施具体的社会责任活动,是社会责任工作的执行者。四是下属单位建立社会责任组织机构。要求所属单位与中国三峡集团同步建立社会责任组织机构,并接受中国三峡集团社会责任领导小组、社会责任办的指导,将社会责任工作由总部向下属单位延伸、向海外延伸,为社会责任工作全面融入奠定基础。

"十三五"期间,随着社会责任工作的不断深入,中国三峡集团不断完善、深化社会责任组织机构,进一步明确各层级、各岗位的社会责任管理工作职责,提升整体社会责任工作的效率和水平,实现社会责任工作的上下联动,逐步形成符合中国三峡集团特点、行动高效、执行有力的社会责任组织管理体系。逐步融入社会责任理念、职责、制度等内容,不断明确各层级、各岗位的责任管理工作职责,建立监督机制,实现闭环管理。各二级单位按照集团的要求,调整和完善本单位履行社会责任组织机构,进一步密切与集团社会责任办的日常联系沟通。做到社会责任工作机构到位、人员到位、责任到位，形成横向协同、纵向贯通、上下联动、运转高效的社会责任组织体系。

> **知识拓展：集团及下属公司各社会责任岗位的主要职责**
> ·社会责任领导小组：负责审核履行社会责任中长期规划、年度项目计划和预算，审议项目管理相关问题。
> ·社会责任办：负责组织编制履行社会责任中长期规划，汇总、拟定项目年度计划和预算，组织项目立项审核，统筹协调项目实施，检查和监督项目实施进展和资金使用情况，总结经验教训，定期发布项目评价报告等。
> ·社会责任管理专（兼）职人员：沟通和推进社会责任实践，开展与利益相关方的沟通和合作，制订部门履行社会责任计划，组织完成与部门相关的履行社会责任议题汇总，提交部门履行社会责任信息。

第二节　完善责任制度

制度是企业有效运转、达成企业目标的可靠保证，也是实现公平、公正、公开的必要条件。责任制度是企业将社会责任理念植入制度建设、融入企业治理架构的具体表现。企业社会责任制度规定了在日常生产经营活动中员工需遵守的社会责任行为规范，企业社会责任工作的推进和落实离不开社会责任制度的保驾护航。[1]

有效的制度体系可以为全面、系统、规范地开展社会责任管理提供指引和标准，同时，可以及时地将优秀的社会责任管理成果固化、形成制度，并进行推广和复制，实现社会责任工作管理和推进的科学化、制

---

[1] 殷格非，等. ISO 26000一百五十问[M]. 北京：中国三峡出版社，2018.

度化、标准化。在中国三峡集团，制度政策是保障有效管理自身决策和活动、为利益相关方最大化地创造经济、环境和社会价值的重要因素之一，也是将履行社会责任初心融入企业决策和活动的重要路径之一。

一、发布可持续发展政策

根据社会责任推进总体部署的要求，中国三峡集团为促进和推广社会责任管理，编制发布《可持续发展政策》和《道德与合规性原则》两项政策承诺，致力于通过环境保护、经济增长、社会进步、专业人员培训等措施，促进自身的可持续发展和道德运营，为企业发展提供重要指导和参考。两项政策承诺保障中国三峡集团持续沿着建设具有全球竞争力的国际一流清洁能源跨国公司的方向努力，不断强化和深化大局意识、合规意识、竞合意识、风险意识和创新意识，将合规经营融入企业文化的血液中，使境外合规经营管理工作迈上新的台阶。《可持续发展政策》围绕履行社会责任、树立道德模范、保护生态环境、关爱员工健康和安全、与周边社区共同发展等重要议题设立中国三峡集团可持续发展目标及措施，以实现经济、社会、环境等领域的全方位、可持续发展。《道德与合规性原则》基于奉献、担当、创新、和谐的核心价值理念，围绕反欺诈及犯罪行为、反腐败、对待合作伙伴、利益冲突、公平竞争、涉密事项、内部监管七个重要领域制订政策和指导原则，公开明确地规定了三峡集团在国内外运营过程中需遵守的道德准则和规范，是中国三峡集团致力于在全球业务中实践其最高道德规范目标的公开承诺。

二、健全社会责任专项制度

为规范和加强中国三峡集团履行社会责任工作，提高社会责任管理水平，中国三峡集团结合自身履行社会责任工作总体部署，编制发布

《集团公司履行社会责任工作管理制度》《集团公司履行社会责任项目管理办法》《集团公司金沙江水电基金项目管理办法》等，明确社会责任项目管理组织与职责，规范社会责任项目推进落实流程，保障社会责任项目科学、高效地执行。明确公益项目筛选、评估、考核的原则和标准，坚持项目前期有调研、项目设计有标准、项目运作有监督、项目成效有评估的公益项目管理"四有标准"，对社会责任项目实施全生命周期闭环管理。为进一步保障社会责任工作的开展，中国三峡集团所属公司，以集团社会责任工作制度为基础，以资本市场及海外市场要求为根本，建立符合所处市场的社会责任工作制度。同时，为规范和加强履行社会责任工作，提高社会责任项目管理水平，中国三峡集团优先支持以发挥业务的社会公益功能属性为特色的项目，对社会责任项目采取集团化整合、制度化约束、项目化操作、品牌化发展的战略性定位。

三、健全合规管理专项制度

中国三峡集团根据《中央企业合规管理指引（试行）》《企业境外经营合规管理指引》《合规管理体系指南》和中国三峡集团《合规管理制度（试行）》，编制《集团公司合规手册》（以下简称《合规手册》），并于2021年3月正式发布，进一步凝聚中国三峡集团合规经营的价值理念及合规纲领、培育合规文化、提升全员的合规意识，推动合规管理工作标准化，构建治理完善、经营合规、管理规范、守法诚信的典范企业，更好地践行"为国担当、为民造福"的初心。中国三峡集团要求全体员工在国内外的生产经营中遵循"全面覆盖、强化责任、协同联动、客观独立"的原则，践行"遵纪守法、合规责任"的基本要求，以坚守"践行全面合规，护航两翼齐飞"的合规理念。《合规手册》从合规行为准则、公司与员工、公司治理与经营、公司与社会、咨询与投诉五个方面明确了集团及其员工在国内外生产经营、市场行为、商务往来、商业道德、社会责任等方面的基本要求和规范，规定了中国三峡集团合规经营的总体纲领及对员工和利益相关方的合规期望。

第三节　打造履责平台

中国三峡集团以平台建设为基础建立基于资源运营的社会责任工作落实机制，将"为国担当、为民造福"为宗旨，建设和完善公益慈善、移民管理、珍稀物种保护等工作的支持平台、沟通平台和执行平台，探索企业社会责任与企业运营协调发展机制和科学的运营模式。

一、搭建三峡公益平台

中国三峡集团因水而生、因电而兴，大江和大河铸就了"为国担当、为民造福"的核心社会责任理念。为加强自身公益事业顶层设计和战略统筹，更好地发挥规模效益和品牌效应，2016年7月，经国务院国资委审核同意，中国三峡集团正式成立三峡集团公益基金会，其是在民政部登记设立的非公募基金会。三峡集团公益基金会由中国三峡集团作为发起人和主要捐赠人，是中国三峡集团规范统一的对外捐赠平台，负责统一运作和管理集团范围内所有对外捐赠事项，旨在使中国三峡集团慈善事业走向规范化、制度化的公益运作。三峡集团公益基金会以打造国际一流公益基金会为目标，以奉献三峡集团爱心、支持公益事业、促进社会和谐与发展为宗旨，围绕帮扶弱势群体、支持教育文化卫生环保事业、扶贫救困、救助灾害等领域开展公益捐赠及活动。

三峡集团公益基金会对公益项目进行统筹规划、专业策划和精细管理，传承中国三峡集团履行社会责任工作的优良传统，总结经验教训，高起点谋划、高标准运作。通过完善治理结构，建章立制，优化流程，用制度约束权力、防范风险；通过科学制订发展规划，精心选择项目载体，实施全生命周期闭环管理，打造有影响力的特色公益项目；通过拓展传播渠道，创新宣传方式，及时回应社会关切，不断提高公众的美誉度、影响力，努力建成一流的公益基金会。

中国三峡集团发起成立公益基金会，是贯彻"创新、协调、绿色、开放、共享"的发展理念，助力国家打赢脱贫攻坚战的具体行动；是加强集团对外捐赠管理，适应新时期国资监管的必然选择；是推进集团发展战略，促进集团可持续发展的内在需要；也是改进履行社会责任实践，塑造集团公益整体形象的现实举措。三峡集团公益基金会的成立标志着中国三峡集团社会责任事业全新起航，彰显了三峡集团责任央企的决心和信心。

自成立以来，中国三峡集团高度重视公益基金会的发展，积极落实《中华人民共和国慈善法》《国务院关于促进慈善事业健康发展的指导意见》《民政部 国资委关于支持中央企业积极投身公益慈善事业的意见》《关于中央企业履行社会责任的指导意见》等相关要求及部署，健全公益基金会治理管理建设，加强基金会项目管理和品牌建设，通过三峡集团公益基金会平台，实施了三峡库区移民帮扶、金沙江库区移民帮扶、定点扶贫、对口支援、援疆援藏援青、公益救助等领域，涵盖基础设施建设、教育医疗卫生保障、公共服务能力提升、应急赈灾救济等类型的大批项目，发展成效显著。

二、搭建生态保护平台

三峡工程作为世界最大的水利枢纽工程，备受国内外专注。在三峡工程兴建期间，相关各方非常重视生态环境的保护，努力采取一些工程及非工程的措施，去消除或缓解工程对生态环境的负面影响。中国三峡集团在三峡工程建设的同时，高度重视生物多样性保护，坚持"在开发中保护，在保护中开发"，先后设立长江珍稀植物研究所和中华鲟研究所。

为保护可能受到工程影响的三峡地区陆生、水生植物，尤其以三峡地区特有、珍稀植物的研究保护为目标，收集三峡库区植物资源，建立健全植物微体基因库，为恢复三峡地区生态环境建设提供有效依据，中国三峡集团于2007年设立长江珍稀植物研究所（原三峡苗圃研究中心）。长江珍稀植物研究所主要研究和保护长江流域特有珍稀植物，采取特有珍稀植物保护与陆生生态修复相结合方式，开展三峡库坝区植物保护工作，以建成国内种类最多、规模最大的长江特有珍稀植物保育基地。[①] 通过迁地保护、引种繁育、组培研究、建立"种质资源库"等积极开展水电开发流域特有珍稀濒危资源性植物抢救保护、坝库区陆生生态建设和科学研究。自2007年起持续进行长江流域野外植物资源调查，开展三峡特有珍稀植物引种保护工作和疏花水柏枝、珙桐等三峡特有珍稀植物的繁殖工作，现已发展成为中国最大的濒危珍稀特有资源性种质资源库和保育基地。同时，以珍稀植物标本馆、种质资源库和珍稀植物地栽区等为依托，建设生态环保科普教育基地，并有效利用三峡旅游资源，通过组织开展生态保护与科普展览等活动，进行全方位、多层次、多样化的科普教育。长江珍稀植物研究所利用自主繁育的各种特有珍稀植物建立的国家元首林、院士林、青年林、三峡移民娃娃林、员工林及专科专属植物科研示范区，已成为各地爱国主义教育基地。截至2020年12月，植物研究所迁地保护长江特有珍稀植物达到1181种，累计繁育特有植物约18万株，累计迁地保护珍稀植物2.5万株。

作为水电开发中水生生物资源保护的技术支撑，中华鲟研究所主要负责以中华鲟为主的物种保护技术研究工作。中华鲟研究所的前身是1982年3月8日水利部下文成立的三三〇工程局水产处，1985年更名

---

① 秦明硕. 生态环保是三峡工程的底色［J］. 中国三峡，2021（3）.

为中华鲟人工繁殖研究所，1993年5月更名为中华鲟研究所，2009年1月中国三峡集团正式接管中华鲟研究所，是我国首个因大型水利工程兴建而设立的珍稀鱼类科研机构，是中国三峡集团水电开发中鱼类物种保护的技术支撑、生态环保的创新平台、展示环保形象的科普窗口。中华鲟研究所以三峡工程鱼类资源保护湖北省重点实验室为支撑平台，开展物种保护、水生态修复及养殖技术。同时，中华鲟研究所以宜昌中华鲟科普教育服务部及多个放流站作为支撑平台，积极面向海外开展科普宣传教育工作，科普受众超过千万人次，较好地普及了长江珍稀特有鱼类保护知识，传播中国三峡集团水利水电开发过程中的生态环保理念。除科研与科普工作外，中华鲟研究还承担放流鱼种培育、珍稀鱼种储备及其他鲟鱼养殖工作。截至2021年4月，中国三峡集团已累计向长江放流多种规格的中华鲟64次，总数超过504万尾，有效补充了自然环境中的中华鲟物种资源。

三、搭建移民管理平台

为做好移民工作，中国三峡集团设立专门机构——移民工作办公室（原为移民工作局），归口负责大型水电工程项目移民相关工作。移民工作办公室主要负责组织编制移民安置规划大纲与移民安置规划，参与项目核准中建设征地移民安置专项报告的审查、报批等工作。同时，负责水电工程枢纽区和库区建设征地手续办理工作；负责水电工程建设征地移民安置补偿投资的管理与控制，签订建设征地移民安置工作协议。参与水电工程建设征地移民安置实施阶段的管理与协调工作，包括制订移民安置年度计划，办理建设征地移民安置补偿资金拨付手续，配合有关部门对移民资金拨付、使用及管理情况进行检查、审计和稽查等工作。参与移民搬迁安置组织实施工作，与省级移民管理部门共同委托开展移民综合监理和监督评估工作；参与工程蓄水、截流和竣工等各阶段移民安置专项验收工作。组织开展影响区库岸地质灾害防治工作。协调地方政府、主体设计单位、移民综合监理等外部关系；协调处理建设征地移民安置工作中出现的重大问题；参与移民安置后期扶持和精准扶贫工作。

第五章

润泽初心：
坚持透明沟通，增进价值认同

第五章 润泽初心：坚持透明沟通，增进价值认同

透明的沟通有助于企业与利益相关方建立沟通对话，展示企业负责任的形象，赢得利益相关方的认同，减少公众对企业的误解，获得理解与支持。中国三峡集团始终坚守初心，并通过透明的沟通，回应、满足利益相关方的需求和期望，让所有的利益相关方对中国三峡集团的初心有更深刻的理解，对中国三峡集团"为国担当、为民造福"的初心使命有更深切的体会。融入了利益相关方需求和期望的"初心"，将更加具有活力，更能代表众多利益相关方的利益，凝聚所有的支持力量，帮助中国三峡集团走向更加可持续的未来。

第一节 建立透明沟通机制

中国三峡集团建设和运营的"大国重器"投资金额高、建设周期长、经济与社会影响大、广受社会各界关注，面临移民和生态环境等问题，迫切地需要建立透明的沟通机制，确保中国三峡集团的战略目标是符合国家战略、服务于国家战略的，确保中国三峡集团的实践行动是符合利益相关方诉求的，是为广大百姓谋福利的，确保中国三峡集团"为国担当、为民造福"的初心不偏离，始终符合各利益相关方的诉求。表5-1为中国三峡集团利益相关方透明沟通。

中国三峡集团始终坚持透明运作，建立与利益相关方常态化的双向沟通机制。中国三峡集团保障利益相关方的知情权，提供全面、透明的信息，作为双方沟通对话的基础，加强信息发布与共享，获得利益相关方的理解与认同，利益相关方提出的需求与期望成为中国三峡集团的履责来源之一，为保持初心提供源源不断的动力；中国三峡集团保障利益相关方的监督权，提升利益相关方的信任度和满意度，变压力为动力，

表 5-1 中国三峡集团利益相关方透明沟通行动

利益相关方	透明沟通
出资人	公开发布社会责任/可持续发展报告披露企业经营管理、履责等情况。在网站、微信公众号等媒体上发布中国三峡集团的具体情况和责任行动等
长江流域各省市	推进企地合作模式,协同推进长江经济带共抓长江大保护战略行动
库区移民	投入大量资金支持库区移民安置与扶贫开发
环境	编制发布环境保护年报,客观反映环境绩效,真实、全面回应利益相关方所关注的问题,开展中华鲟放流工作
合作伙伴	编制、修订招标采购物流管理相关文件,开展供应商信用评价及培训工作,举办供应商会议,建立战略合作关系
行业伙伴	组织、参加行业沟通交流论坛、会议等,分享三峡经验
社区	开展定点扶贫、援疆援藏援青、川滇少数民族帮扶和库区帮扶等工作,进驻学习强国、头条号、人民号、百家号等,发布相关文章,开展水电知识科普
客户	为客户提供充足的、清洁的电能
员工	开展员工民主活动,举办职工代表大会

确保初心方向不偏离;中国三峡集团保障利益相关方的参与权,发动各利益相关方参与企业生产运营和职能管理过程中,共同解决企业发展过程中涉及的可持续发展问题,创造共享价值,为企业发展带来生机与活

第五章 润泽初心：坚持透明沟通，增进价值认同

力。通过保障利益相关方的知情权、监督权、参与权，持续提升利益相关方对中国三峡集团的利益认同、价值认同和情感认同，同时，根据利益相关方反馈的需求和期望不断更新和完善企业实践，不断丰富责任初心的内涵，延展责任初心的深度。图5-1为中国三峡集团利益相关方透明沟通模式。

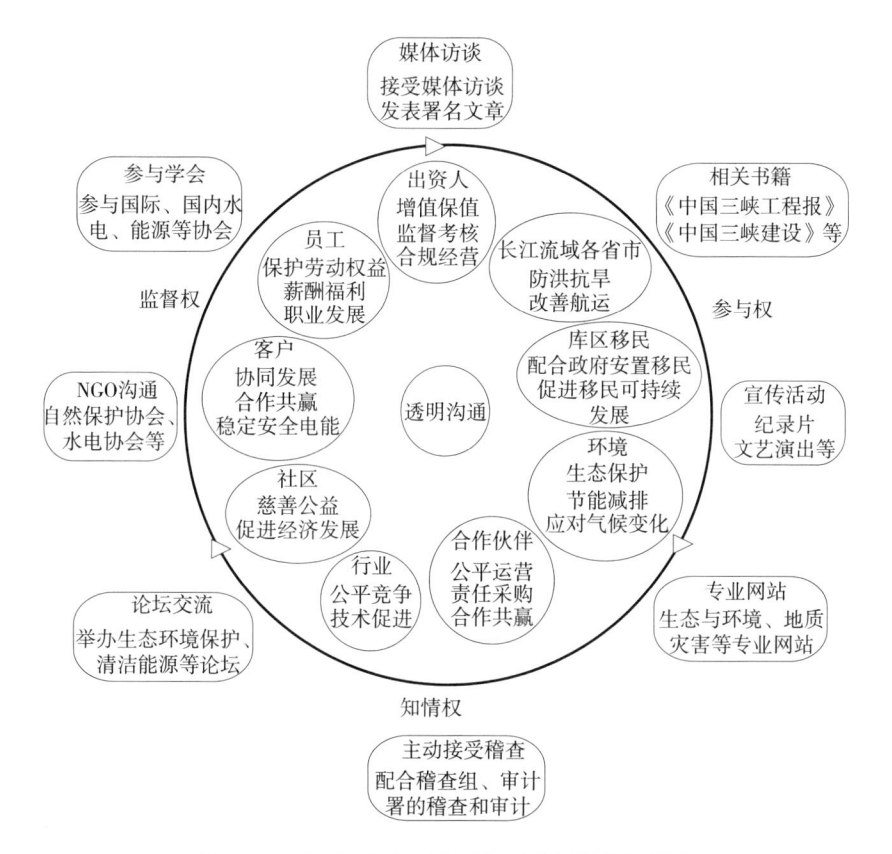

图5-1 中国三峡集团利益相关方透明沟通模式

透明沟通已成为企业连接利益相关方、建立责任价值共识的重要力量，通过开展更有针对性的责任传播，以多样的社会议题、多维的责任形象、多触点的沟通渠道、多重的品牌价值呈现，实现企业与利益相关

方的全方位透明沟通，保证利益相关方的知情权、监督权、参与权。

第二节　保障利益相关方知情权

信息披露是企业社会责任实践内容非常重要的一个部分，可以让企业各利益相关方对企业的经营理念、企业愿景、企业文化、责任实践等有更清晰的了解，保障利益相关方的知情权，从而获取利益相关方的了解与认同。信息披露一方面可以督促企业更好地履行社会责任，促进企业长期发展；另一方面有利于助力改善现有的社会环境，推进生态文明建设，保证国家的可持续发展道路。一个负责任的企业应该勇于向外界包括各个利益相关方披露企业的经营行为及相关信息。

一、信息披露

中国三峡集团每年发布年度报告、信息化年度报告、环境保护年度报告、社会责任报告、三峡工程运行实录、三峡工程水文泥沙年报等，年度报告侧重回应利益相关方重点关注的集团管理运营情况、财务信息等；信息化年度报告以信息化的视角展现中国三峡集团的核心能力和文化价值；环境保护年度报告系统展示中国三峡集团的环保行动与成果，表达中国三峡集团承担环保责任的积极意愿和价值追求；社会责任报告系统披露公司在履行经济、社会、环境责任方面的具体行动和成效，识别重要的利益相关方和实质性议题，针对利益相关方的期望与需求进行回应；三峡工程运行实录记录三峡枢纽建筑物、三峡水库运行实况及发挥综合效益情况，不仅有助于公众全面、准确了解三峡工程运行的实际情况，也为相关科研、设计、高等院校等单位和科学技术工作者提供了宝贵的资料；三峡工程水文泥沙年报总结三峡工程水文泥沙观测与研究成果，为水库运行与调度提供技术支撑，并积极回应社会对泥沙问题的关注。

除了年度报告，中国三峡集团还针对长江大保护、精准扶贫、响应"一带一路"倡议等关联利益相关方的切身利益的重大项目和重点举措发布专项报告、白皮书等，系统介绍中国三峡集团重大项目、重点举措、重要议题等的理念、战略目标、具体行动和成效等，回应利益相关方的关注。中国三峡集团推动条件成熟的下属单位独立发布可持续发展报告，推动海外公司发布社会责任报告，逐步形成完善的报告沟通体系。

中国三峡集团自2006年发布首本环境年报，已连续发布16本；
中国三峡集团自2007年发布首本财务年度报告，已连续发布14本；
中国三峡集团自2010年发布首本信息化年度报告，已连续发布11本；
中国三峡集团自2011年发布首本社会责任报告，已连续发布11本；
中国三峡集团自2013年首次发布长江三峡工程运行实录，已连续发布8本；
中国三峡集团自2017年首次发布长江三峡工程水文泥沙年报，已连续发布3本；
中国三峡集团自2018年发布首本精准扶贫白皮书，已发布2本；
中国三峡集团自2019年发布首本"一带一路"可持续发展报告，已发布2本；
中国三峡集团自2020年发布首本秘鲁可持续发展报告，已连续发布2本；
2020年，中国三峡集团发布首本共抓长江大保护可持续发展报告；
2020年，中国三峡集团发布首本老挝可持续发展报告。

二、利用多样化信息载体

除了发布报告，中国三峡集团也通过各种传统媒体、新媒体渠道，利用多样化的信息载体，针对不同利益相关方的需求，开展全方位、多层面、多触点的分众化传播。中国三峡集团利用自己出版的书籍、成立的专业网站、发布的宣传片等，以及外部的媒体采访、文章等传统媒体渠道，与利益相关方进行透明沟通。中国三峡集团注册成立长江三峡集团传媒有限公司，由《中国三峡工程报》《中国三峡》杂志和《中国三峡建设年鉴》出版单位组建而成，作为中国三峡集团舆论宣传主阵地、新闻传播主渠道、文化产业主力军，与传统媒体、图书等组成传统媒体宣传阵地，适应不同利益相关方的阅读诉求，借助多种渠道全面向各方展示集团公司的动态。

中国三峡集团适应全媒体传播发展趋势，加强新媒体平台建设，建立适应融媒时代的多元化披露机制。2016年，中国三峡集团官方微博、微信正式开通运行，由传统媒体、官方网站、微信矩阵、微博、网络视频新闻、自媒体等构成的全媒体传播和信息披露格局初步形成。不断拓宽传播渠道，探索实现自办媒体内容的二次传播。通过入驻今日头条、一点资讯等，利用大数据平台，实时、精准推送，以多元化形式实现三峡资讯立体交互呈现，进一步提升集团公司信息的传播力和三峡品牌的影响力。

第三节　保障利益相关方监督权

中国三峡集团作为中央企业，直接接受国家监管，中国三峡集团所经营的三峡工程和巨型水电站都需要国家的监管与建设许可。中国三峡集团自觉接受上级监督，积极配合审计和各类检查，确保工程建设和资金使用情况清晰、透明，符合国家要求。

中国三峡集团主动接受各利益相关方的公开监督，保障利益相关方的监督权，通过定期开展民主管理活动，收集合理化建议，并接受员工监督。通过与电网企业召开信息发布、厂网联席、计划编制等会议，与客户定期沟通并接受监督。同时，在官网、微信、微博等渠道公开发布运营管理信息并接受公众监督。

以三峡工程为例，自1994年三峡工程开工建设后，国家审计署就对三峡工程开始了连续审计，涉及三峡枢纽工程建设情况、输变电工程建设情况和移民资金使用情况，中国三峡集团积极配合三峡工程稽查组和国家审计署对三峡工程的稽查和审计，对审计发现的各项问题高度重视，制订和完善了管理制度和措施并及时纠正。

质量是三峡工程的生命。为加强对三峡施工质量的监督把关，国务院三峡工程建设委员会从1999年6月开始，每年向三峡工程派出质量专家检查组，不定期深入工地进行质量检查，对三峡枢纽的安全监测情况保持了连续的跟踪检查、分析和研判，已开展近百次质量检查与调研，对三峡工程提出了大量宝贵意见和建议，为三峡工程的顺利建设与高效运行做出重要贡献，成为三峡工程最严厉的把关人。

在金沙江水电开发过程中，中国三峡集团主动邀请国家审计署对金沙江水电开发进行跟踪审计，建立了金沙江水电工程的长效审计监督机制。

第四节　保障利益相关方参与权

中国三峡集团积极邀请利益相关方参与公众沟通活动，帮助企业塑造较好的公众品牌形象，支持中国三峡集团开展行动；邀请利益相关方参与关键职能部门的运营，获取更全面的决策信息；邀请利益相关方参与生产经营，带来技术产品的创新机会和市场机会。

一、落实移民诉求

中国三峡集团在移民实施规划设计和移民安置等不同阶段都十分注重尊重移民的意愿，通过与项目所在地居民进行及时和透明的沟通交流，及时落实移民的各项需求和意见，保障移民的参与权。

一是聘请移民政策宣传员。为了能够搭建一个沟通平台，收集移民的诉求和心声，以通俗易懂的方式宣传移民政策，白鹤滩、乌东德两站施工区在开展移民政策宣传工作中，开创性地从移民当中聘请政策宣传员，包括当地村民小组长、有威望的村民、对移民生活十分了解的妇女工作者在内的首批 30 名移民宣传员，经过专业的培训后，在生产生活之余向移民宣传政策，引导群众学政策、懂政策，为群众答疑解惑。同时，群众的需求和动态也能够通过他们及时地反馈给相关工作人员，有效地保障了移民工作的顺利开展。二是与村民开展"坝坝会"。扶贫工作队成员走村串户，带着产业项目、发展资源、扶贫政策等，来到村头院坝，跟对口扶贫的乡亲沟通项目建设、移民工作情况，征求村民意见。三是开展移民工作沙龙。举办"移民工作沙龙"活动，介绍国外大型电站的成功经验，就溪洛渡水电站移民工作基本情况、施工区与库区移民遗留问题及其成因等进行交流，探讨处理移民遗留问题的原则和措施。

二、交流水电经验

2008 年，中国三峡集团与水利部长江水利委员会、国际水电协会、大自然保护协会、世界自然基金会共同主办"三峡工程与长江水利资源开发利用及保护"国际会议，同时，协办"水电可持续发展论坛"第四次会议、"金沙江下游生态流"国际研讨会等分会，来自中国、美国、俄罗斯、法国、巴西等 18 个国家约 180 名水电专家就各国水资源开发利用及保护状况，以及当前面临可持续水电开发的热点、难点问题进行讨论。会议为展现三峡工程建设的管理成就，澄清国际社会有关三峡工程的不实传闻，推动国际水电开发的先进经验取得较大的成绩。

2012 年，中国三峡集团主导成立了国际水电领域的专业技术委员会——国际大坝委员会（ICOLD）"水电站与水库联合调度运行专业委员会"，提供与世界各国共享梯级调度管理经验、促进国际水电技术与管理共同进步的重要平台，汇聚全球领域内的专业力量与资源开展交流与研究，推动国际相关行业专业技术发展。积极参与国际水电协会（IHA）的行业指导性文件《水电可持续性评估规范》中文版的修订及在中国水电项目上应用的研讨工作。2014年9月，在北京总部开展了为期5天的IHA《水电可持续性评价规范》培训，IHA资深评估员Douglas Smith 和 Aida Khalil – Gomez 担任评估老师，中国三峡集团各职能部门及建设运行部门共25名代表参与了培训，中国三峡集团同时邀请了老挝万象省能矿厅、万象省自然资源与环境厅、老挝能矿部、老挝自然资源与环境部、水电环境研究院和IHA中国办公室的代表参加了培训。2018年，中国三峡集团承办"水电与未来能源系统论坛"及IHA第75次董事会。

三、公众开放日

"国企开放日"是国企加强与社会公众交流的重要渠道、普及科技知识的载体、展现国企形象的窗口。多年来，中国三峡集团及所属各单位开展了形式多样的"开放日"活动。2018年、2019年，中国三峡集团连续两年举办"三峡娃娃行"公益活动，组织中国三峡集团定点扶贫、对口支援、少数民族帮扶地区的贫困学生，走近三峡工程、走进三峡电站、体验三峡升船机等"大国重器"，科普水电科学知识，让来自贫困地区的孩子们近距离感受"大国重器"的磅礴气势，感受祖国发展取得的伟大成就，增强孩子们的民族自豪感和爱国情怀，激励孩子们立志报国，为实现理想而努力奋斗。

2021年4月24日，在中国共产党成立100周年之际、在习近平总书记视察三峡工程三周年之际，中国三峡集团举办以"百年奋斗路，世纪三峡情"为主题的国企开放日活动。国内知名专家及学者、兄弟央企代表、集团定点扶贫县民众代表、三峡库区和金沙江库区的移民干部与民众代表、三峡大学西藏班的师生代表、媒体记者等百余人走进三峡工程，参观三峡大坝、三峡电厂、长江珍稀鱼类保育中心、长江珍稀植物研究所等，观看宣传片与展览，近距离感受三峡工程伟大建设成就、良好运行状态和巨大综合效益，全方位了解中国三峡集团推动改革发展、科技创新、安全生产、绿色环保、社会责任、企业文化等工作的做法和成效，增强社会公众对三峡工程、中国三峡集团的认知认同，激发社会公众强烈的爱国情怀和民族自豪感。

第六章

初心引领：
社会责任管理之道

第六章 初心引领：社会责任管理之道

企业社会责任管理是有目标、有计划、有执行、有评估、有改进，系统性地展开对企业社会责任实践活动进行管理的过程。[1] 要把社会责任和可持续发展理念完全融入一个企业的运营过程之中，融入每个管理职能中，融入每个员工的日常工作中，直至融入公司文化、公司使命和公司核心价值观中，提升企业的经营理念，转变企业经营管理方式，实现企业可持续经营，促进企业与社会的共同可持续发展。

中国三峡集团在推进社会责任过程中始终坚守"为国担当、为民造福"的责任初心，将社会责任理念融入企业生产运营各环节，推进企业社会责任管理工作日趋成熟，逐步形成了具有三峡特色、体现央企担当的社会责任管理模式——初心引领型社会责任管理模式。

第一节 初心引领型社会责任管理

中国三峡集团初心引领型社会责任管理模式总结和阐释了自建设三峡工程开始中国三峡集团初心永擎、担当使命、践行责任的历程，解释了中国三峡集团社会责任管理在初心引领下"从无到有、从有到优、从优到精"的蜕变，明确了中国三峡集团社会责任管理的目标、推进路径和最终成效，如图 6-1 所示。这种模式以"为国担当、为民造福"的初心为根本遵循，形成了由"保持战略定力""携手多方参与""搭建机制保障""坚持透明沟通"构成的"四位一体"的推进路径，致力于创造利益相关方综合价值最大化。

"为国担当、为民造福"的责任初心是中国三峡集团履行社会责任

---

[1] 殷格非. 企业社会责任管理（一）：概念、特征 [J]. WTO经济导刊，2017（3）.

中国三峡集团：初心引领型社会责任管理

的根本动力，是形成"四位一体"推进路径的重要基础。"四位一体"推进路径彼此相互支撑、相互促进，是推进初心引领型社会责任管理的方法，实现知信行统一，将守初心、担责任真正落到实处。

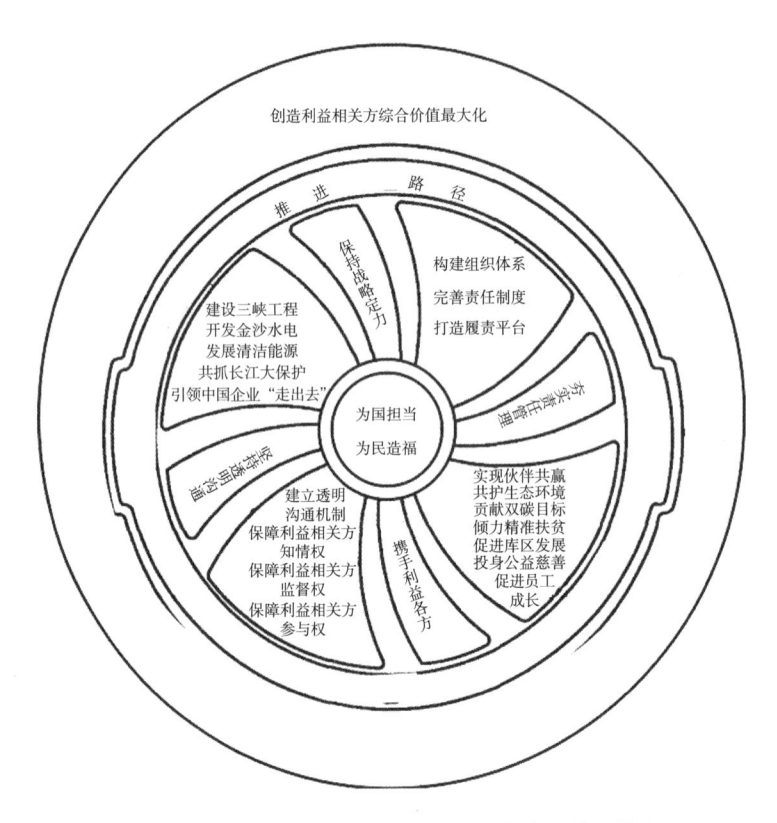

图6-1 中国三峡集团初心引领型社会责任管理模式

第二节 始终把初心作为推进社会责任的根本动力

"为国担当、为民造福"的责任初心是指导和引领中国三峡集团社会责任工作融入企业发展运营、履行社会责任的"根"和"魂",是中国三峡集团社会责任工作开展的基石,是创造更大综合价值的根本动力。中国三峡集团"为国担当、为民造福"的责任初心,与国家发展、人民幸福紧密相连,表达了多年来中国三峡集团服务国家战略与国计民生的决心,体现了中国三峡集团在更高层次、更广领域忠党报国、造福人民的崇高追求。同时,也表达了中国三峡集团关注利益相关方的期望与诉求,与其共同提升、共同发展、共享利益的坚持。

多年来,中国三峡集团不断赋予初心新的时代内涵,从建设三峡工程,到承担开发金沙江下游的时代重任,再到拓展新能源业务、国际业务、长江大保护业务,从护佑长江安澜到服务"一带一路"倡议,从"开发长江"到"保护长江",从坚定贯彻新发展理念到坚持推进可持续发展,虽然时代与行动在变,但服务国家战略、为全面建设社会主义现代化国家和实现中华民族伟大复兴的中国梦做出贡献的目标始终如一,从未改变。

中国三峡集团始终把坚持初心、不断深化初心作为加强社会责任实践和管理的永恒课题和终身课题常抓不懈。以"为国担当、为民造福"的责任初心统一社会责任管理思想、统一全员社会责任意志、统一履行社会责任行动。同时,这一初心深刻回答了新时代中国三峡集团在开展社会责任管理的过程中依靠谁、为了谁的重大问题,揭示了中国三峡集团履行社会责任的动力源泉,为中国三峡集团通过社会责任管理充分发挥综合价值指明了方向。

第三节　始终将初心贯穿于社会责任工作全过程

不忘初心，方得始终；初心易得，始终难守。中国三峡集团通过保持战略定力、携手多方参与、搭建机制保障、坚持透明沟通，始终将初心贯穿社会责任工作全过程，永葆初心的旺盛生命力。

一、保持战略定力，坚守责任初心

战略定力使中国三峡集团保持在不同时期的路线方针不偏航，是让初心保鲜、不走偏的重要方式。中国三峡集团面对新时代发展、国内外局势变化，以高度的战略定力把握正确航向，从战略高度增强发展定力，以战略定力谋求战略主动。坚定成为党和国家最可信赖的"六种力量"，始终保持战略定力不动摇，坚定清洁能源发展方向不动摇，坚定不移地为国家做强做优做大清洁能源产业不动摇，坚定打造具有全球竞争力的世界一流跨国清洁能源集团的战略目标不动摇。中国三峡集团在每一次战略选择的关口，始终牢记"为国担当、为民造福"的核心社会责任理念，始终以服务践行国家战略为最大战略，走清洁能源发展之路，同步规划、实施工程建设、环境保护与生态修复，积极打造生态环保业务板块，深度融入长江经济带高质量发展。

二、携手利益各方，共护责任初心

初心的生命力在于执行，多方参与是促使责任履行的合力，是将中国三峡集团的初心转化为行动并永葆初心不干涸的关键，是满足利益相关方期望的重要途径，是防范社会与环境风险的有效方式，是最大限度创造综合价值的选择。随着战略定位的不断变迁，中国三峡集团加强对利益相关方的沟通及其关系管理，创造更多方式让利益相关方参与重大决策和生产运营各环节，不断加深利益相关方参与的广度和深度、水平和价值。

以利益相关方参与的形式，构建多方参与的履责格局，将"为国担当、为民造福"的核心社会责任理念转化为实际行动。从三峡工程建设到长江大保护共建平台建设，从实现单向沟通到持续参与中国三峡集团生产经营事务的改变，利益相关方参与的深度不断加深，利益相关方参与的水平和价值也同步加深，形成与利益相关方共同经营管理、和谐共进的局面。政府引导是清洁能源开发、长江大保护、移民安置和帮扶等相关法规、政策的制定者，是中国三峡集团在相关领域实践的指导者与推动者。伙伴是推动清洁能源行业技术创新的实施者与践行者，与中国三峡集团一同推动科技创新，带动我国重大装备制造和关键技术的跨越式发展。跨界合作是中国三峡集团开展优势互补、错位竞争，维护共同利益，实现共同发展。社会参与发挥舆论监督作用，以透明的沟通机制营造外部环境。以共商、共建、共享、共赢的方式充分发挥中央企业的资源优势和影响力，解决企业生产中涉及的社会责任问题，实现伙伴共赢、保护生态流域、促进移民可持续发展、倾力精准扶贫，实现经济价值、社会价值和生态价值的和谐统一，用履行社会责任的行动践行初心、完成初心。

三、夯实责任管理，永葆责任初心

机制支撑是保障责任履行的原动力，长期有效的社会责任管理机制是中国三峡集团永葆初心存在的必要条件。中国三峡集团通过建立社会责任组织机构、编制发布社会责任制度规划、构建社会责任平台，使社会责任管理成为一种长效机制，确保全员理解社会责任，恪守社会责任工作的性质和宗旨，使企业管理运营工作顺应时代潮流、符合国家发展战略、体现责任初心，起到根本性、全局性、长远性的作用。

以构建组织架构作为社会责任工作全面开展的组织基础，明确各层级、各岗位的社会责任管理工作职责，营造并培育社会责任原则，提升整体社会责任工作效率和水平，使社会责任初心得以践行组织环境和文化。以社会责任制度规定日常生产经营活动中员工需遵守的社会责任行为规范，将履行社会责任初心融入企业决策和活动，为社会责任工作的推进落实保驾护航。以平台建设为基础建立基于资源运营的社会责任工作落实机制，以"为国担当、为民造福"为宗旨，建设和完善公益慈善、移民管理、珍稀物种保护等工作的支持平台、沟通平台和执行平台，探索社会责任与企业运营协调发展机制和科学运营模式。中国三峡集团通过建立具有指导性、针对性、操作性的社会责任机制，为社会责任工作的执行落实奠定良好基础。

四、坚持透明沟通，润泽责任初心

透明沟通是保持内部坚守初心不偏离、外部监督初心不受染的重要渠道，是中国三峡集团树立负责任的品牌形象的重要举措。以透明的态度，主动地与投资者、员工、各省市和库区移民进行建设性对话，保障他们的知情权、监督权和参与权，赢得利益相关方的理解与支持。

通过推动社会公众对中国三峡集团工作的认知、认可、认同，增强企业业务运营对利益相关方造成的正面影响，协调自身利益与利益相关方利益和期望之间的冲突，提高自身决策和活动的透明度，与利益相关方建立伙伴关系，实现共赢。在使"大国重器"和"大国重企"的形象深入人心的同时，不断叩问初心变没变、使命担没担，强化了"为国担当、为民造福"的责任初心，激发了发扬红色传统、传承红色基因的干劲和鼓起打造国家品牌、树立行业品牌、奉献人民美好生活、创建世界一流企业的奋斗精神。

第四节 始终致力于创造经济社会环境综合价值最大化

中国三峡集团对初心的守望体现在将国家利益及人民利益作为企业的最大利益,以及"为国担当、为民造福"的社会责任实践之中,通过实践使初心转化为经济、社会和环境的综合价值,在社会责任实践的基础上实现初心与价值的相互转化和有机统一。在初心引领型社会责任管理的推进下,中国三峡集团经济社会环境综合价值的创造能力显著增强。

保值、增值能力显著增强。中国三峡集团可控、在建、权益总装机规模达1.38亿千瓦,累计生产清洁电能约3万亿千瓦时,国际业务遍布全球40多个国家和地区,境外装机超过1700万千瓦,境外资产总额约1700亿元,2020年集团营业收入达1117亿元,较"十二五"期末增长76%、利润总额增长61%、净利润增长58%,连续13年在央企经营业绩考核中被评为A级。为利益相关方创造价值的能力显著增强。科学防洪护佑长江安澜,扎实开展扶贫攻坚,积极应对重大突发事件,为经济社会平稳发展贡献力量;践行"两山理念",坚持资源节约型和环境友好型发展,保护环境的创新能力显著增强。

沟通和运营的透明度显著提高。建立透明沟通机制,加强信息披露,在官方网站设立"信息公开"页面,详细、及时地披露自身经营发展信息。中国三峡集团连续十六年发布环境年报,连续十五年公开发布年度报告,连续十一年发布可持续发展报告,连续十二年发布信息化年度报告。针对外界公众对三峡工程的质疑,编制《三峡百问》,详细、全面地解答公众的疑问,消除外界公众对三峡工程的误解。截至2020年年底,中国三峡集团微信公众号"三峡小微"粉丝总量达68144

人。运营透明度和应对复杂舆论环境水平显著提高。

品牌的美誉度和影响力不断提升。中国三峡集团高度重视品牌建设工作，通过建设运营"大国重器"，积极响应"一带一路"倡议，在国际国内舞台上塑造"三峡品牌"。产业带动力和社会影响力显著提升。2016年，"国资小新"等媒体平台发起了一场"第三张国家名片"的网络推介活动，以三峡工程为代表的"中国水电"最终因极高的社会共识高票当选，"中国水电、三峡品牌"得到广泛的社会认同。同年，中国三峡集团荣获国家工商总局中华商标协会颁发的"品牌建设卓越奖"。在2016中国品牌价值评价信息发布会上，中国三峡集团以2040.68亿元的品牌价值位列能源行业第一位。中国三峡集团多次荣登"金蜜蜂企业社会责任·中国榜"并荣获"领袖型企业"称号。

第七章

初心展望：
世界一流责任典范

第七章　初心展望：世界一流责任典范

"十四五"时期是我国开启全面建设社会主义现代化国家新征程、向第二个百年奋斗目标进军的第一个五年，也是中国三峡集团奋力实施"两翼齐飞"，加快创建世界一流企业的关键五年。未来，中国三峡集团将继续永葆"为国担当、为民造福"的责任初心，围绕更好地落实国家赋予的"六大作用"战略发展定位，瞄准创建世界一流企业的目标要求，以实现可持续发展为核心，以实现经济、社会和环境综合价值最大化为目标，不断深化初心引领型社会责任管理，全面提升社会责任能力和成效，努力在履行企业社会责任方面发挥好表率作用，致力于成为世界一流的社会责任典范企业，更好地造福世界人民。

为了更好地履行社会责任，中国三峡集团制定了《中国三峡集团"十四五"社会责任规划》，将规划内容提炼为"1354"，即实现一个目标，成为三个典范，开展五大工程，实施四大举措。

"1"个目标：实现创造经济、社会、环境综合价值最优化目标；

"3"个典范：成为实践典范、形象典范和管理典范三个典范；

"5"大工程：围绕共行责任生产方式、共护美丽生态环境、共创移民美好生活、共促乡村振兴战略和共树全球责任形象五大责任工程；

"4"大举措：实施全人员培育、全覆盖推进、全要素升级和全方位传播四大重点举措。

第一节　践行五大责任工程

在大有可为的重要战略机遇期，中国三峡集团立足本职，在思想建设上守住初心，在为民服务中凸显初心，在风险挑战中磨砺初心，始终紧跟国家战略、服务国家战略，牢固树立以人民为中心的发展思想，聚焦到 2025 年基本建成世界一流清洁能源集团和国内领先生态环保企业的目标，奋力实现清洁能源与长江生态环保"两翼齐飞"，聚焦共行责任生产方式、共护美丽生态环境、共创移民美好生活、共促乡村振兴战略和共树全球责任形象五大责任工程，全面推进社会责任工作融入发展战略，致力于成为世界一流的社会责任典范企业，为把我国建设成为社会主义现代化强国、为实现中华民族伟大复兴贡献三峡力量。

一、共行责任生产方式

建设负责任清洁能源项目。建设好、运营好水电工程项目，打造沿长江最大清洁能源走廊；更快速、更高质量地发展新能源项目，打造沿海最大海上风电走廊；将社会责任理念深度融入清洁能源项目规划、设计、建设、运行、管理全过程全阶段，努力减少项目的负面影响，不断增加正面效益，带动当地经济、环境、社区发展，保证项目长期内最大化发挥综合效益。

充分发挥综合效益。进一步运行好、管理好以三峡工程为核心的流域梯级枢纽，深化乌东德、白鹤滩、溪洛渡、向家坝、三峡、葛洲坝及清江梯级枢纽统筹管理，确保"大国重器"持续保持安全、稳定、高效运行。进一步深化流域梯级水库联合优化调度，从四库联调升级至九库联调，持续提升水文监测预报精度，提高调度数字化水平，优化更加安全、科学、高效的调度方案，提高水资源优化配置与综合利用水平，最大程度发挥综合效益，将长江流域梯级联合调度经验在全国逐步推广应用。建立工程综合效益指标评价体系，综合考虑工程特性、当年雨水情形势、社会因素及风险性等，实现各梯级枢纽不同时期、不同梯级枢纽发挥综合效益横向、纵向可比，便于精准提升。

打造负责任供应链。完善供应链全生命周期管理理念，将履行社会责任理念、履责评价贯穿于管理延伸至供应链上下游的设计、生产、物流、仓储、使用、维护、处置等环节，提升供应商履责意识与履责成效。整合供需双向资源，提升供应链整体效益。完善物资集约化管理机制，物资采购目标、原则、范围、流程更加清晰、透明。加快物资信息化建设，整合拓展物资信息化系统功能，实现物资状态实时监控，促进物资管理体系高效运转。

积极落实"碳达峰"和"碳中和"行动。主动响应国家"碳达峰""碳中和"目标，制订2023年"碳达峰"行动方案，明确企业的达峰目标、路线图、行动方案和配套措施，开展2040年"碳中和"战略研究，进一步明确实现"碳中和"的重大领域、关键技术、关键产业和重要制度安排。积极探索和完善碳交易体系，通过绿色金融助力落实水电项目节能减排目标。始终把发展清洁能源主业作为发展根基，通过全力打造沿江最大清洁能源走廊、沿江最大绿色生态走廊、沿海最大海上风电走廊、"一带一路"国际清洁能源走廊"四大走廊"助力国家能源转型，为国家"碳达峰""碳中和"做出更大贡献。

二、共护美丽生态环境

高标准实施生态保护与修复。建立地上地下、陆海统筹的生态环境治理制度，优化生态环境监管体制机制；以细颗粒物和臭氧协同控制为核心，探索重点污染物协同治理，统筹水资源、水生态、水环境治理；统筹推进各生态要素系统治理，全方位、全地域、全过程开展包括湿地在内的生态修复及环境综合治理工作。积极践行"两山"理念，把加强流域生态修复与推进能源革命结合起来，探索产业生态化、生态产业化实施路径，促进长江沿线经济社会发展全面绿色转型。

全面推动共抓长江大保护。落实《长江保护法》有关立法要求和措施，加大长江大保护投资落地力度，在共抓长江大保护中发挥好骨干主力作用，为长江中部崛起添加新动能。通过数字化技术赋能水污染治理，实现水环境统一监管治理，统筹参与"五水共治"，拓展新业务、新业态，大力推动清洁能源和长江生态环保"两翼"协同发展。不断健全产业价值链，提升关键环节的核心能力，推动产业链协同创新，做精做强全产业链，培育专业供应链企业。进一步拓展合作城市范围，围绕长江干流、重要支流等，策划多轮次、多批次重点项目，实现在长江沿线的连贯、无缝布局，由单个项目建设向综合治理流域统筹跃升，构建沿江最大绿色生态走廊。规范管理使用长江大保护专项资金，突出重点，形成示范引导，集中彰显集团公司在长江大保护上的社会价值和正向效能，引导并促进形成全社会共抓长江大保护的新格局。

三、共创移民美好生活

深入贯彻落实新发展理念，践行"建好一座电站，带动一方经济，改善一片环境，造福一批移民"的理念，推动水电开发与移民发展协同共进，坚持做好库区移民后续帮扶工作。推动水电开发与移民发展协同共进，坚持做好三峡库区和金沙江下游库区移民后续帮扶工作，聚焦民生保障改善项目，推动库区产业结构升级优化，不断延伸产业链，增强区域自我发展能力，让水电开发成果更好惠及移民群众。结合业务优势，聚焦库区新能源开发和生态环境改善，积极拓展库区产业帮扶新领域，持续帮助库区移民提高适应性，组织移民语言、劳动技能、外出务工等，帮助移民更好融入当地生活和实现就业。

四、共促乡村振兴战略

做好乡村振兴有效衔接。保持帮扶政策、资金支持、帮扶力量总体稳定，持续抓好重庆市巫山县和奉节县、江西省万安县、内蒙古自治区巴林左旗定点帮扶，深入做好援疆援藏援青工作，协助帮扶地区建立健全巩固减贫、防止返贫的长效机制，接续推进脱贫攻坚与乡村振兴有效衔接。继续完善帮扶地区公共服务和配套基础设施，打好保障民生系列组合拳；加大脱贫人口职业技能的培训力度，促进脱贫人口稳岗就业；发挥中国三峡集团在人才资源方面的优势，定期选派乡村振兴挂职干部，努力打造一批素质高、能力强、技术硬的乡村振兴人才队伍，不断提升挂职干部的积极性、创造性，与帮扶地区干部共同提升乡村振兴治理能力。

打造"新能源+"产业促进乡村振兴。结合新能源业务发展战略，积极参与"千乡万村驭风计划"和"千乡万村沐光行动"，帮助帮扶地区打造"新能源+乡村振兴"新模式、新业务。通过加强与当地政府的战略合作，加强脱贫地区产业发展基础设施建设，开发好、建设好新能源项目，完善上游产业链材料研发和生产、中游产业链辅助设备制造、下游产业链电力运输等，以新能源产业发展促进乡村振兴。成立乡村清洁能源产业发展基金，帮助脱贫地区共同编制新能源发展规划，开发新能源产业试验性项目，组织开展一系列与新能源相关的公益项目。注重产业后续长期培育，助力脱贫地区形成具有当地特色的"新能源+"产业品牌，以品牌效应推动产业实现高质量可持续发展。

五、共树全球责任形象

加强项目属地化管理。加强海外社会责任管理工作，坚持不懈地探索项目属地化管理之路，增强项目所在国法律法规学习，深入研究当地劳工保护、薪资标准、本地化经营、环境保护等要求，持续深耕当地市场，不断提高项目执行的社会责任相关标准。针对项目所在地不同的营商环境，从完善组织机构、人员配置到形成标准化、规范化的跨文化管理模式，促进文化融合向纵向深发展。

积极参与全球责任治理。参与"联合国2030可持续发展目标""全球契约""金蜜蜂2030社会责任倡议"等社会责任行动并积极发声，做责任实践行动的引领者。发挥行业龙头的影响力，联合全球同行业领先企业发布社会责任倡议，定期开展交流活动，贡献三峡智慧、分享三峡经验，引领全球清洁能源行业共同探索、建设可持续的运营模式。积极参与全球社会责任相关国际标准和规则、行业标准的制订，提升集团公司在全球可持续发展领域的话语权和影响力。

第二节　实施四大责任举措

中国三峡集团完善社会责任管理体系，逐步形成国内外联动的社会责任长效运行机制，开展社会责任项目全生命周期数字化管理，制订社会责任培训计划，提升全员社会责任意识，建设自有社会责任沟通平台，与利益相关方开展深入的沟通交流，塑造世界一流社会责任管理典范形象。

一、全人员培育：提升全员社会责任意识

加强社会责任课题研究，总结梳理、系统阐释社会责任知识，形成知识库和社会责任系列管理工具。开展全员社会责任培训和知识管理，并将社会责任培训计划纳入人力资源培训整体规划，不断增加全员社会责任知识技能培训平均课时，使社会责任企业的价值观和企业文化深入人心，全员掌握"应知应会"，使履行社会责任成为全员的自觉行动。

二、全覆盖推进：提升社会责任现代化治理能力

以构建社会责任工作长效机制为目标，明确在指标管理、责任试点、项目管理等方面的管理要求和部门职责，推动中国三峡集团有组织、有制度、有实践、有评估、有改进地推进社会责任工作，形成上下联动、系统协同、多元统一的良好履责局面。结合企业战略与品牌特

质，形成一系列可复制、可推广的履行社会责任新模式。以展示集团公司实施社会责任管理和社会责任实践的创新性、先进性为目的，在国内外开展社会责任项目示范基地建设。

三、全要素升级：打造一流公益基金会

通过运营环境体系化更新和治理体系数字化升级，提升基金会现代化治理能力，实现基金会管理流程化、一体化、透明化、公开化。通过探索三峡特色初心引领型公益模式、开展集团战略目标导向公益项目、搭建跨界合作共赢平台等方式，持续升级基金会项目体系，积极推进从资源到生态，从生态到三产融合、城乡融合发展，实现基金会公益实践聚合化、精尖化、多元化。以专业人才梯队化培养，建设一流专业化人才队伍。

四、全方位传播：打造责任沟通传播网络

加强与利益相关方的交流，持续做好信息披露，针对长江大保护、乡村振兴、应对气候变化等重点工作、议题发布专项报告，针对海外业务较为成熟的国家和地区发布社会责任国别报告、海外案例集等。编制利益相关方沟通管理手册，形成系统化、规范化、结构化、制度化的利益相关方沟通体系。围绕重大决策活动和重大行动开展系统的社会沟通方案设计与实施，加强在乡村振兴、长江大保护、新能源发展、生态旅游发展、应对气候变化等重大决策和行动方面的社会沟通。

附录

中国三峡集团
社会责任大事记

1993 年

- 中国长江三峡工程开发总公司成立,时任三峡总公司总经理陆佑楣提出"为我中华、志建三峡"这一响亮号召,极大激发三峡建设者实现中华民族百年梦想、为国家争气、为人民造福的精气神,生动诠释公司"为国担当、为民造福"的初心使命,广泛凝聚起参建单位和社会各界的力量,为三峡工程的成功建设奠定了坚实基础。

1994—2001 年

- 三峡工程正式开工建设后,始终将质量和安全放在首位,制订了严于国家标准、行业规范,又切实可行的《中国长江三峡工程标准》,提出"零质量事故、零安全事故"的"双零"管理目标,确保了三峡工程高标准、高质量建成。

2002 年

- 国家授权中国三峡集团滚动开发金沙江下游河段的溪洛渡、向家坝、乌东德、白鹤滩四座梯级水电站。
- 国务院扶贫开发领导小组明确中国三峡集团定点扶贫重庆市巫山县、奉节县。
- 选派首批定点扶贫挂职干部赴重庆市巫山县、奉节县挂职。
- 湖北省明确中国三峡集团定点扶贫湖北省秭归县、巴东县。

2003 年

- 三峡工程按期实现水库蓄水 135 米、首批机组发电和船闸试通航三大目标,开始发挥防洪、航运、发电、补水等巨大综合效益。

· 国家明确从三峡电站售电收入中按一定比例提取资金，建立三峡库区移民后期扶持基金。

2004 年

· 明确提出"建好一座电站，带动一方经济，改善一片环境，造福一批移民"的"四个一"水电开发理念。

2005 年

· 溪洛渡水电站正式开工建设。
· 中央明确中国三峡集团对口支援新疆皮山县。

2006 年

· 向家坝水电站正式开工建设。
· 发布首本环境保护年报。
· 举办首届"三峡娃娃行"活动。

2007 年

· 发布首本年度报告。
· 建立履行社会责任组织机构。

2008 年

· 所属公司长江电力发布首本社会责任报告。
· 湖北省明确中国三峡集团对口支援湖北省夷陵区、秭归县、巴东县。
· 荣获国务院扶贫开发领导小组授予的"全国扶贫开发先进集体"称号。

- 被全国绿化委员会授予"全国绿化模范单位"荣誉称号。
- 捐资1500万元用于四川省汶川抗震救灾。
- 在向家坝施工区成功举行"金沙江溪洛渡向家坝水电站珍稀特有鱼类首次放流活动",放流了达氏鲟等五种珍稀特有鱼类共两万尾。
- 与中国水利投资集团合并重组。

2009年

- 捐资1000万元用于中国台湾水灾救助。
- 承接中国水利投资集团定点扶贫任务,开始定点帮扶江西省万安县、内蒙古自治区巴林左旗。

2010年

- 三峡水库迎来建成后最大洪峰70000立方米/秒,最大削峰30000立方米/秒,降低荆江河段沙市站水位最大2.5米左右。据测算,2010年三峡工程的防洪经济效益为266.3亿元,其中,直接效益213亿元,间接效益53.3亿元。
- 三峡水库首次成功蓄水至175米。
- 首次在三峡—葛洲坝两坝间水域开展大规模经济鱼类放流活动,共放流各种规格鲢、鳙、草鱼100.73万尾。
- 捐资1500万元用于云南省抗旱救灾,捐资600万元用于青海省玉树抗震救灾。
- 提出"长期合作、融入当地、平衡兼顾、互利共赢"十六字方针。

2011年

- 发布首本社会责任报告。

- 面对长江中下游百年一遇的罕见旱情，三峡水库持续为下游抗旱补水 164 天，平均增加下泄流量 1520 立方米/秒，抬高长江中游干流水位 0.7~1.0 米。
- 三峡双线五级船闸年通过量 1.003 亿吨，首次突破 1 亿吨。
- 在长江宜昌江段成功放流 140 多尾人工繁殖的中华鲟，是我国首次大规模放流的 13 千克以上"重量级"人工中华鲟种群。
- 出资 3000 万元与全国妇联共同设立的"水库移民妇女发展扶持基金"。
- 再次荣获国务院扶贫开发领导小组授予的"全国扶贫开发先进集体"称号。
- "有序开发，和谐共赢"及"科学调度、精心运行，充分发挥三峡工程综合效益"入选国务院国资委 2011 中央企业优秀社会责任实践。

2012 年

- 三峡电站 34 台机组全部投产发电。
- 三峡水库迎来建库以来最大洪峰 71200 立方米/秒，最大削峰 28200 立方米/秒，累计拦蓄洪水 228.4 亿立方米。据测算，三峡工程 2012 年汛期防洪经济效益约为 280 亿元。
- 四川省明确中国三峡集团定点扶贫四川省屏山县、雷波县。
- 捐资 1000 万元用于云南省昭通市彝良县抗震救灾。
- 荣获"湖北省对口支援三峡工程移民工作先进集体"称号，荣获全国妇联、中国妇女发展基金会授予的"中国妇女慈善奖·典范奖"。

2013 年

- 首次编制年度社会责任工作计划，建立社会责任管理体系。

- 获得质量管理体系、环境管理体系和职业健康安全管理体系认证证书。
- 首次发布三峡枢纽运行实录（2003—2012）。
- 三峡工程被中国质量协会授予"全国质量奖卓越项目奖"，被世界著名科普杂志《科学美国》列为世界十大可再生能源工程，被联合国教科文组织首次作为独立案例收录入《世界水发展报告》。
- 捐资2000万元用于四川省芦山县抗震救灾和灾后重建。
- 董事会通过议案明确从溪洛渡、向家坝两个电站发电收益中提取一定比例资金用于支持金沙江库区移民帮扶和生态环境保护。
- 荣获国务院国资委授予的"中央企业扶贫开发工作先进单位"称号。
- 荣获第八届"中华慈善奖·最具爱心企业"称号。
- 重组控股上海勘测设计研究院有限公司。

2014年

- 首次编制社会责任三年工作规划，开通"三峡小微"公众号。
- "分享责任——中国行"调研团走进三峡工地，是三峡工程首次迎来企业社会责任领域的专家及企业同行的参观和分享。
- 溪洛渡、向家坝两个电站所有机组全部建成投产发电。
- 清洁能源可控装机突破5000万千瓦，成为国内可控装机最大的清洁能源集团和全球最大的水电开发运营企业。
- 荣获四川省"2012—2013年度全省对口定点扶贫工作先进单位"称号。
- 捐资1500万元支持云南省鲁甸抗震救灾。
- 三峡电站年发电量突破988亿千瓦时，创单座水电站年发电量世界纪录。

2015 年

- 首次成功发行全球双币种国际债券。
- 乌东德水电站通过国家核准，主体工程全面进入大规模施工阶段。
- 云南省明确中国三峡集团挂联帮扶云南省绥江县。
- 新能源装机突破 600 万千瓦，首次提出实施海上风电引领者战略。
- 重组控股湖北能源集团。

2016 年

- 成立三峡集团公益基金会，首次编制五年（2016—2020）社会责任规划，全面修订《集团公司履行社会责任项目管理办法》。
- 发布首本长江三峡工程水文泥沙年报。
- 与云南省、四川省政府分别签署协议，明确 2016—2019 年间投入 36 亿元支持云南省三个人口较少的民族和四川省凉山州彝区彝族脱贫攻坚。
- 捐资 3000 万元支援湖北省抗洪救灾。
- 出资 6 亿元支持设立中央企业贫困地区产业投资基金。
- 策划实施"责任三峡·大爱无疆"首届扶贫开发成果巡回展。
- 世界最大、技术和施工难度最高的三峡升船机实现试通航。
- 荣获 2016 年"四川十大扶贫爱心组织"，荣获人民网颁发的第十一届人民企业社会责任奖"年度企业奖"。
- 荣获第五届国际清洁能源论坛"2016 国际清洁能源年度企业奖"。

2017 年

- 发布《可持续发展政策》和《道德与合规性原则》两项政策承诺。
- 上线运行中国三峡集团履行社会责任项目信息管理系统。
- 三峡电站历年累计发电突破10000亿千瓦时，相当于节约标准煤3.19亿吨，减排二氧化碳8.22亿吨，减排二氧化硫39万吨。
- 三峡船闸历年累计过闸货运量突破10亿吨，年过闸货运量再创新高。
- 白鹤滩水电站通过国家核准，提出打造"精品工程、创新工程、绿色工程、民生工程、廉洁工程""五大工程"要求。
- 荣获新疆维吾尔自治区党委、自治区人民政府颁发的"第八批中央和国家机关、中央企业援疆工作先进集体"称号。
- 荣获"云南省脱贫攻坚奖·扶贫明星企业"称号。
- 荣获"2016金蜜蜂企业社会责任·中国榜""金蜜蜂·领袖型企业"称号。
- 荣获"中国企业海外形象联盟突出贡献奖"。
- 荣获首届中国能源产业扶贫高峰论坛"精准扶贫社会效应奖"。

2018 年

- 习近平总书记视察三峡工程并发表重要讲话，强调三峡工程是"大国重器"，并给予三峡工程"一个标志、三个典范"的高度评价。
- 习近平总书记在深入推动长江经济带发展座谈会上指出"三峡集团要发挥好应有作用，积极参与长江经济带生态修复和环境保护建设"，为三峡集团从事长江大保护工作提供了根本遵循。
- 国家发展改革委、国务院国资委联合发文明确中国三峡集团要在促进长江经济带发展中发挥基础保障作用、在共抓长江大保护中发挥骨干主力作用、在带领中国水电"走出去"中发挥引领作用、在促进清洁能源产业升级中发挥带动作用、在深化国有企业改革中发挥示范作用、在履行社会责任方面发挥表率作用。

·发布首本精准扶贫白皮书、首本公益项目画册。

·定点帮扶的重庆市巫山县、江西省万安县及挂联帮扶的云南省绥江县脱贫出列。

·荣获第十届"中华慈善奖"。

·在2018年中央单位定点扶贫考核中荣获"好"的评价。

·三峡电站年发电量首次突破1000亿千瓦时，再次刷新国内单座电站年发电量新纪录。

·开展长江大保护工作的实施主体长江生态环保集团有限公司在湖北武汉注册成立。

2019年

·三峡工程连续10年成功实现175米试验性蓄水目标。

·"长江三峡枢纽工程"项目荣获"国家科学技术进步奖特等奖"。

·新能源装机规模突破1000万千瓦。

·发布首本"一带一路"可持续发展报告。

·设立长江大保护专项基金。

·向中央企业贫困地区产业投资基金增资4.64亿元。

·与云南省、四川省分别签署协议，新增支持云南省昭通市和四川省凉山州等地脱贫攻坚资金共计10亿元。

·定点帮扶的重庆市奉节县、对口支援的湖北省秭归县、挂联帮扶的云南省绥江县脱贫出列。

·荣获"四川省脱贫攻坚奖先进集体奖"和"云南省脱贫攻坚扶

贫先进集体奖"。

- 在2019年中央单位定点扶贫考核中再次荣获"好"的评价。
- "三峡教育帮扶"项目荣获"2019民生示范工程奖"。

2020年

- 闻令而动抗击新冠肺炎疫情，举全集团之力支持打赢武汉保卫战、湖北保卫战。
- 三峡水库成功应对建库以来最大洪峰75000立方米/秒考验，通过拦洪削峰成功避免荆江分蓄洪区运用和60万人转移、49万亩耕地被淹。
- 乌东德水电站首批机组投产发电，习近平总书记作出重要指示，强调要努力打造精品工程、更好造福人民。
- 三峡工程完成整体竣工验收，验收结论显示，三峡工程建设任务全面完成，工程质量满足规程规范和设计要求、总体优良，运行持续保持良好状态，全面发挥防洪、发电、航运、水资源利用等综合效益。
- 三峡电站年发电量为1118亿千瓦时，刷新伊泰普水电站于2016年创造并保持的1030.98亿千瓦时的单座水电站年发电量世界纪录。
- 成为北京2022年冬奥会和冬残奥会官方发电合作伙伴。
- 提出2023年率先实现"碳达峰"、2040年实现"碳中和"目标。
- 发布首本共抓长江大保护可持续发展报告。
- 发布首本老挝可持续发展报告，发布首本秘鲁可持续发展报告，举办秘鲁查格亚水电站"云开放日"暨《责任三峡 秘鲁国别报告》发布活动。
- 被中宣部确定为助力脱贫攻坚典型企业进行宣传，举办扶贫攻坚成果展（线上、线下），发布《脱贫攻坚，三峡力量》系列报告、画册、纪录片等总结宣传产品。

·定点帮扶、对口支援的所有贫困县全部实现脱贫摘帽,精准帮扶的云南怒族、普米族、景颇族和四川凉山彝族实现整族脱贫。

·荣获第十五届人民企业社会责任奖"年度扶贫奖"。

·荣获"脱贫攻坚·能源扶贫十大突出贡献企业"称号。

·在2020年中央单位定点扶贫考核中再次荣获"好"的评价。

·长江电力荣获"最佳投资者关系上市公司奖"。

·荣获国家档案局颁发的"全国企业档案信息资源开发利用优秀案例最高奖"。

2021年

·成功发行中国首批"碳中和"债券。

·中国三峡集团帮扶滇、川两省少数民族脱贫攻坚工作队荣获"全国脱贫攻坚先进集体"称号,中国三峡集团派驻巫山县挂职副县长王荣刚同志荣获"全国脱贫攻坚先进个人"称号。

·成功举办以"百年奋斗路、世纪三峡情"为主题的国企开放日活动。

·三峡能源在上海证券交易所成功上市交易。

·乌东德水电站全部机组实现投产发电。

·白鹤滩水电站首批机组实现投产发电,习近平总书记致信祝贺,李克强总理作出批示,韩正副总理出席投产发电仪式。

·荣获第十一届"中华慈善奖"——"脱贫攻坚捐赠企业奖"和"抗击疫情捐赠企业奖"。

参考文献

[1] 贺恭. 三峡工程建设和管理——在全国水利水电施工技术与管理交流会（99.9昆明）上的讲话［J］. 水利水电施工，2000（1）.

[2] 桓文伟. 三峡工程与长江流域的生态环境保护［J］. 水利水电科技进展，1996，16（2）.

[3] 殷格非. 不忘企业社会责任初心［J］. WTO经济导刊，2017（11）.

[4] 殷格非，等. ISO 26000一百五十问［M］. 北京：中国三峡出版社，2018.

[5] 殷格非. 企业社会责任管理（一）：概念、特征［J］. WTO经济导刊，2017（3）.

[6] 占梁梁. 溪洛渡水电站大型机电设备国产化成就［J］. 中国三峡，2013（4）.

[7] 中央企业精准扶贫模式研究课题组. 中央企业精准扶贫模式（第二辑）［M］. 北京：中国三峡出版社，2021.

[8] 秦明硕. 生态环保是三峡工程的底色［J］. 中国三峡，2021（3）.